U0004879

個人旅行主張

有人在旅行中享受人生，
有人在進修中順便旅行。
有人隻身前往去認識更多的朋友，
有人跟團出國然後脫隊尋找個人的路線。
有人堅持不重複去玩過的地點，
有人每次出國都去同一個地方。
有人出發前計畫周詳，
有人是去了再說。
這就是面貌多樣的個人旅行。

不論你的選擇是什麼，
一本豐富而實用的旅遊隨身書，
可以讓你的夢想實現，
讓你的度假或出走留下飽滿的回憶。

有行動力的旅行，從太雅出版社開始。

個人旅行 **111**

峇里島

Bali

作者◎ 陳怜朱(PJ大俠)

太雅

峇里島

【目錄】

194【峇里島旅遊黃頁簿】

【全書地圖目錄】

作者序

　　有時候，一生裡總要安排幾個轉彎，增添生活的豐富度，而旅遊就是獲得深刻價值的轉彎歷程。透過旅遊了解一個國家，也從中重新認識自己。

　　因緣際會下，我與峇里島有著巧妙的連結，因此有機會撰寫《峇里島》個人旅行書。峇里島是個風情萬種的島嶼，與臺灣的自然人文截然不同：辣味十足的香氣料理、傳統悠久的細緻神廟以及得天獨厚的自然美景……峇里島的美，等待著大家前去探索。

　　本書盡可能地把經典且值得推薦的峇里島精華，毫無保留地寫出。大家可透過風情掠影先對當地有初步認識，再從各分區的介紹，了解各地的精采景點、美食餐廳、購物商家、特色旅館等，進一步規畫自己想要的旅遊行程。

　　感謝出版社給予的機會，也感謝一路支持的家人與朋友，其中我的另一半Percy，是我最大的支持與力量，沒有他，我無法完成這本書。

最後也要感謝，每一位購買此書的讀者，與我一起共同感受此書的生命，也希望此書能夠為你的峇里島旅遊，增添更多美好的回憶。

關於作者　陳怜朱(PJ大俠)

　　喜愛旅行也樂於分享，從2012年起用心經營部落格「PJ大俠愛旅行。深活」至今，已累積500萬人次。旅遊版圖擴及亞洲，美洲以及加勒比海等地。文章曾獲香港旅遊局肯定，置入於旅遊局網頁中，也曾受到自由時報刊登，並於2017年接受自由時報記者採訪旅遊經驗。

　　2014年起開始數年旅居印尼的生活，因此得以深入且詳細地介紹印尼的城市旅遊，提供毫不藏私的實用資訊，減輕訪印尼旅客的疑惑與不便。多次前往峇里島，沉浸與貼近當地生活，將所獲的凝視與探索，直率地抒發於文筆中，向讀者分享最真摯的感動。

編輯室提醒

出發前，請記得利用書上提供的Data再一次確認

每一個城市都是有生命的，會隨著時間不斷成長，「改變」於是成為不可避免的常態，雖然本書的作者與編輯已經盡力，讓書中呈現最新最完整的資訊，但是，我們仍要提醒本書的讀者，必要的時候，請多利用書中的電話，再次確認相關訊息。

資訊不代表對服務品質的背書

本書作者所提供的飯店、餐廳、商店等等資訊，是作者個人經歷或採訪獲得的資訊，本書作者盡力介紹有特色與價值的旅遊資訊，但是過去有讀者因為店家或機構服務態度不佳，而產生對作者的誤解。敝社申明，「服務」是一種「人為」，作者無法為所有服務生或任何機構的職員背書他們的品行，甚或是費用與服務內容也會隨時間調動，所以，因時因地因人，可能會與作者的體會不同，這也是旅行的特質。

新版與舊版

太雅旅遊書中銷售穩定的書籍，會不斷再版，並利用再版時做修訂。通常修訂時，還會新增餐廳、店家，重新製作專題，所以舊版的經典之作，可能會縮小版面，或是僅以情報簡短附錄。不論我們作何改變，一定考量讀者的利益。

票價震盪現象

越受歡迎的觀光城市，參觀門票和交通票券的價格，越容易調漲，但是調幅不大(例如倫敦)，若出現跟書中的價格有微小差距，請以平常心接受。

謝謝眾多讀者的來信

過去太雅旅遊書，透過非常多讀者的來信，得知更多的資訊，甚至幫忙修訂，非常感謝你們幫忙的熱心與愛好旅遊的熱情。歡迎讀者將你所知道的變動後訊息，善用我們提供的「線上讀者情報上傳表單」，或是直接寫信來taiya@morningstar.com.tw，讓華文旅遊者在世界成為彼此的幫助。

太雅旅行作家俱樂部

內文資訊符號

$ 價格·費用	http 網站
地址	@ email
電話	➡ 前往方法
⏲ 營業時間	MAP 地圖
注意事項	⧖ 停留時間

地圖資訊符號

旅遊景點	巴士站
餐廳	機場
購物商店	渡輪碼頭
旅館住宿	SPA
◉ 城市	地標·地區

公園·綠地

河川·湖泊

一般道路

如何使用本書

　　本書精采單元：風情掠影、行程規畫、分區導覽、熱門景點、逛街購物、特色餐飲、住宿情報、旅遊黃頁簿，以及深度特寫、作者私房推薦等，資訊多元豐富，兼具廣度與深度，一網打盡個人旅行之所需。

先作功課的：

　　【風情掠影】詳實的在地文化介紹，從揭開峇里島神祕面紗開始，告訴你基本資訊、簡史、節慶等，再深度介紹當地的神廟、藝術、美食、特產，以及不可錯過的SPA、DIY體驗與多元旅館，並提供4、6、8、10日行程規畫。

　　【旅遊黃頁簿】透過此單元，預先了解出發相關的旅遊訊息，以及當地交通工具與包車注意事項，讓遊覽峇里島更加便捷。另有貨幣、服務費與稅收、手機SIM卡、習俗禁忌、購買旅遊行程、實用APP等，免去蒐集旅訊的煩瑣。

邊走邊看的：

　　【地圖與巴士路線圖】包含21張地圖與1張Kura-Kura觀光巴士路線圖，所有內文提到的景點、餐廳、SPA館、店家、旅館，地圖上幾乎都有標示。

　　【熱門景點】峇里島北、中、南區與離島區，每區不容錯過的好玩地方都有詳盡資料與介紹，讓你清楚該怎麼去、該看些什麼、停留時間該如何安排等。

　　【旅行小抄】【玩家交流】【知識充電站】提供旅遊撇步、延伸知識及私房經驗交流，如進入神廟注意事項、選擇旅宿注意事項、殺價技巧等，給你最有用的旅遊情報，不走冤枉路。

　　【深度特寫】包括庫塔夜生活、峇里島藝術節、廚藝教室、銀飾製作、自然遊程、梯田區觀光、龍目島部落文化之旅、吉利島跳島之旅等，無論是想大肆玩樂，或想來趟知性觀光，都能獲得最棒的指引。

需要時查詢的：

　　【逛街購物】【特色餐飲】【SPA推薦】【住宿情報】作者精心挑選的各類商家，附有詳細的營業時間、價位、前往方式等data，讓你吃、住、血拼、SPA按摩都不用苦苦尋覓。

　　【當地標誌】【實用印尼語】介紹當地常見標誌，例如免費廁所TOILET GRATIS、僅供應回教餐的HALAL標誌等。還有飲食、住宿、購物、交通、應變、打招呼等旅遊常用語。

各大單元開版

深度特寫

旅行小抄

分區導覽概況

熱門景點

索引小目錄

分區地圖

知識充電站

玩家交流

逛街購物

注意事項1・2・3

SPA推薦

特色餐飲

住宿情報

看懂峇里島當地標誌

路上標誌

路標
路標大多為綠色底

神廟
表示附近有神廟建築

清真寺
表示附近有清真寺建築

猴子標誌
表示附近有猴子出沒，請小心注意

橘色箭頭
箭頭為發生海嘯時的逃離方向

其他標誌

DORONG
印尼語為「推」開門的指示

TARIK
印尼語為「拉」開門的指示

HALAL
若餐廳標示此圖案，
則表示供應回教餐點，
如餐點無豬肉製品、酒類等

免費廁所 **TOILET GRATIS**
印尼語GRATIS為免費的意思

診所KLINIC／CLINIC
兩個單字皆有診所的意思

藥局 **APOTEK**／**APOTIK**
兩個單字皆有藥局的意思

郵局**KANTOR POS**
表示郵局在附近，同時標示方向與距離

POLISI
印尼語為警察的意思

女廁**TOILET WANITA**
印尼語Wanita為女性的意思

男廁**TOILET PRIA**
印尼語Pria為男性的意思

BUKA
為商店營業中的意思

MUSHOLLA
是提供回教徒使用的禱告房間

實用印尼語

在峇里島雖然英文可以通，但不是每個人都會英文，多懂一點印尼文，配合幾個關鍵字，可以讓旅程更加順利。以下的單字與用詞，為常見單字與簡單用語，供各位參考。

飲食用語 Dining

中文	印尼文	中文	印尼文	中文	印尼文	中文	印尼文
小店	Warung	餐廳	Restoran	飯館	Rumah Makan	菜單	Menu
菜肴	Makanan	飲品	Minuman	雞	Ayam	豬	Babi
鴨	Bebek	牛	Sapi	羊	Kambing	魚	Ikan
蝦	Udang	丸子	Baso	雞蛋	Telur	燒賣	Siomai / Siomay
春捲	Lumpia	豆腐	Tahu	豆餅	Tempe	蔬菜	Sayur
綜合菜飯	Nasi Campur	巴東餐	Nasi Padang	沙嗲	Sate	香蕉葉蒸雞	Ayam Betutu
炸雞	Ayam Goreng	炒什錦蔬菜	Capcay	飯	Nasi	辣椒醬	Sambal
茶	Teh	咖啡	Kopi	牛奶	Susu	白開水	Air putih
果汁	Jus	熱的	Panas	冷的	Dingin	烤豬飯	Babi Guling
炸鴨/髒鴨餐	Bebek Bengil	沙拉佐當地花生醬	Gado-Gado	炒飯/麵/粿條/米粉	Nasi/Mie/Kuetiaw/Bihun Goreng (Goreng在此為炒)		
牛肉/雞肉/魚肉粥	Bubur Sapi/Ayam/Ikan (Bubur為粥)			牛肉/雞肉/丸子/魚肉湯	Sup Sapi/Ayam/Baso/Ikan (Sup為湯；也有人寫Sop)		

*Goreng泛指炸的，但用在麵食、米飯類，則為炒居多

點餐短句

中文	印尼文
我是素食者	Saya vegetarian.
我不吃牛肉 / 豬肉	Saya tidak makan sapi / babi.
不要太甜 / 鹹 / 辣	Jangan terlalu manis / asin / pedas.
我要熱茶 / 咖啡	Saya mau the / kopi panas.
去冰 / 不要冰塊	Tidak pakai es.
冰塊一點點	Es sedikit.
再來一 / 兩 / 三份	Satu / Dua / Tiga lagi*.
好吃	Enak.

* Lagi為「再次」

住宿用語Accommodation

中文	印尼文	中文	印尼文	中文	印尼文	中文	印尼文
洗髮精	Shampo	牙刷	Sikat gigi	衛生紙	Tissue	吹風機	Hairdryer
枕頭	Bantal	棉被	Selimut	號碼	Nomor	毛巾	Handuk
肥皂	Sabun	房間	Kamar	入口	Pintu masuk	出口	Keluar

住宿短句

中文	印尼文
早餐幾點供應？	Sarapan jam berapa siap？
請給我吹風機 / 衛生紙	Tolong berikan saya hairdryer / tissue.
沒有肥皂 / 洗髮精	Tidak ada sabun / shampo.
我要換房間	Saya mau pindah kamar.

購物用語Shopping

中文	印尼文	中文	印尼文	中文	印尼文	中文	印尼文
這個	Ini	那個	Itu	伴手禮	Oleh-oleh	商店	Toko
市場	Pasar	貴	Mahal	便宜	Murah	折扣	Diskon
買一送一	BELI 1 GRATIS 1	紀念品	Kenang-kenangan	大	Besar	小	Kecil
非常	Terlalu	麝香貓	Luwak	辣椒醬	Sambal	沙龍	Sarung
蠟染衣	Baju Batik	賣光 / 沒了	Habis / Kosong	多	Banyak	少（一點點）	Sedikit

購物短句

中文	印尼文
多少錢？	Berapa harganya？(簡稱Berapa)
太貴 / 便宜 / 大 / 小了。	Terlalu mahal / murah/besar / kecil.
可以便宜一點嗎？	Bisa kurang？ / Kurangi lagi dong？
可以試嗎？	Boleh coba？
我要這個 / 那個 / 付款。	Saya mau ini / itu / bayar.

印尼炒飯Nasi Goreng的味道接受度高

峇里島商場經常舉辦折扣季

13

交通用語 Traffic

中文	印尼文	中文	印尼文
當地小巴	Angkot	計程車	Taksi
汽車	Mobil	摩托車	Motor
腳踏車	Sepeda	租	Sewa
在這裡	Di sini	在那裡	Di sana
左	Kiri	右	Kanan
前	Depan	後	Belakang
對面	Seberang	司機	Sopir

交通短句

中文	印尼文
我要去旅館 / 餐館	Saya mau ke hotel / tempat makan.
多久會到那裡？	Berapa lama sampai sana ?
在這裡停車	Saya mau turun di sini.
請等一下	Tolong tunggu sebentar.

應變用語 Emergency

中文	印尼文	中文	印尼文	中文	印尼文
資訊處	Bagian Informasi	醫院	Rumah Sakit	藥局	Apotik / Apotek
郵局	Kantor pos	警察局	Kantor Polisi	清真寺	Mesjid
廁所	Toilet	女廁	Toilet Wanita	男廁	Toilet Pria
出口	Pintu keluar	入口	Pintu masuk	感冒	Flu
發燒	Demam	肚子痛	Sakit perut	拉肚子	Diare
頭痛	Sakit kepala	謝謝	Terima kasih	抱歉	Maaf
借過/請問 (類似 excuse me)	Permisi / Numpang tanya	等一下	Tunggu sebentar	沒關係	Tidak apa apa

應變短句

中文	印尼文
藥局 / 廁所在哪裡？	Apotik / Toilet di mana ?
我感覺不舒服。	Saya tidak enak badan.
我迷路了。	Saya nyasar / tersesat.
我不知道。	Saya tidak tahu.

(本單元製表／陳怜朱)

招呼用語 Greeting

中文	印尼文	中文	印尼文
先生	Bapak	是	Ya
女士	Ibu	不是	Tidak
這個	Ini	會(可以)	Boleh
那個	Itu	不會(不可以)	Tidak boleh
我	Saya	有	Ada
你	Anda	沒有	Tidak ada
他	Dia	已經	Sudah
所有	Semua	還沒	Belum
請	Tolong	恭喜	Selamat
要	Mau	不要	Tidak mau

招呼短句

中文	印尼文
你好嗎？	Apa kabar ?
我很好	Saya kabar baik.
早安	Selamat pagi.
晚安	Selamat malam.
再見	Sampai jumpa lagi.
我從台灣來	Saya dari Taiwan.
我不會印尼語	Saya tidak bisa bahasa Indonesia.
一路順風	Selamat jalan.
歡迎光臨	Selamat datang.
請坐	Silakan duduk.
請幫忙	Tolong bantu.
你從哪裡來呢？	Anda dari mana ?
非常感謝	Terima kasih banyak.
你人真好	Anda baik sekali.

藍鳥是峇里島知名計程車行

峇里島郵局

峇里島 風情掠影

Bali Indonesia

請做好準備，峇里島，即將為你的旅遊歷程，增添不一樣的色彩。一個坐落於南半球的熱帶島嶼，充滿著各種人文與自然特色、濃厚的宗教氣息、傳統莊嚴的神廟、豐富多元的藝術以及天然奇特的景觀等，這些獨一無二的元素，造就出珍貴的峇里島風情。

隨著觀光的發展趨勢，島上擁有多元的住宿選擇，划算的SPA享受，以及可口的異國料理，都是吸引遊客前來的加分之處。每年例行的節慶活動，充分展現島上不斷傳承的信仰，音樂、舞蹈和服裝等，各式各樣別出心裁。

光是從文字，似乎難以意會當地的美好，唯有置身在現場，將自己的感官神經放大，才能細細感受。

(照片提供／Keraton Jimbaran Beach Resort)

揭開

神祕面紗

峇里島，從台灣直飛約5個多小時的航程。它是印尼的省分之一，鄰近爪哇島(Java)，與東爪哇距離很近。

這個熱帶島嶼擁有專屬的自然景致與文化風情，加上消費比歐美旅遊來的親民，故吸引了許多遊客到此避冬，享受溫暖宜人的氣候。亦有遊客來此悠閒度假或是享受蜜月，因此不論是在平日或假日，皆有來自四面八方的遊客，鬧區總是滿滿人潮，尤其旺季期間，遊客量不容小覷。

基本資訊
面積：約5,600平方公里
宗教：主要為印度教
語言：印尼語
時區：GMT+8小時(與台灣相同)
氣候：雨季約為11~3月，乾季為4~10月
電壓：220v
插座：兩孔圓形插座
貨幣：印尼盾(IDR)，又稱盧比(Rp)

所以每個宗教(回教、基督教、儒教、印度教等)的重要節日，大都為國定假日。

日期	印尼常見國定節日
1/1	西元元旦
5/1	勞動節
8/17	國慶日
12/25	聖誕節
日期無固定	中國新年、印度涅匹日、耶穌受難日、回教開齋節、回教宰牲節等

(製表／陳怜朱)

※沒有標示日期的假日，隨著各宗教計算年的方式不同，每年有所變動
※涅匹日當天機場可能會關閉，務必先確認當天的機場狀況

國定假日

峇里島為印尼城市之一，島上假日配合印尼政府每年制訂的國定假日。而政府尊重各種宗教，

Bali Overview

加里曼丹 Kalimantan

蘇拉維西 Sulawesi

蘇門答臘 Sumatra

雅加達 Jakarta

泗水 Surabaya

爪哇島 Java

峇里島 Bali

東努沙登加拉 East Nusa Tenggara

龍目島 Lombok

印尼各大島與峇里島位置圖

峇里島簡史

- 西元前已有人類文明存在。
- 14世紀爪哇Majapahit王朝勢力進入，而1515年爪哇的藝術家、工匠、音樂家與知識分子等，逐漸進入峇里島。
- 16世紀巴杜仁貢(Batu Renggong)建立峇里島的黃金時期；此時歐洲的荷蘭水手團隊也來到峇里島，開始探索此地。
- 17～19世紀荷蘭人勢力進入印尼，也進入峇里島，當地開始受到西方影響。
- 1945年印尼宣布獨立
- 1970年開始，峇里島的公路、電力系統與衛生改善，觀光產業開始出現，店家與飯店的數量逐漸倍增，如今成為印尼旅遊的熱門地區之一。

▲重要日子全村動員

藝，因為音樂與舞蹈，皆是節慶活動不可或缺的表演；此外，班家成員定期開會，共同決策社區事務，連村裡的婚喪喜慶都要彼此協助。

每年的宗教節慶活動，更是重要大事，班家成員都要親自安排與規畫，帶領居民舉辦活動。居民與班家互動頻率高，環環相扣的緊密關係，也成為了峇里島的特色。

峇里島博物館珍藏島上文物

峇里島社區組織
──班家

班家(Banjar)是峇里島上由各個社區或村落自行建立，類似小型的自治管理社團或組織，不只代表悠久的傳統文化，更在凝聚社區上扮演舉足輕重的角色。

每個班家普遍擁有各自的樂團與舞者，晚輩需要傳承這些技

班家組織存在於峇里島各處

當地人從小接觸宗教

19

居民個性與生活

由於峇里島的觀光發展許久，居民對於觀光客的態度普遍都很和善。當地人重視團體關係，與家庭、社區保持良好互動。平日的生活，少了繁榮都市的競爭以及快速便捷的交通系統，生活不會過於緊繃，每日完成例行的拜拜，日出而作日落而息，祥和而單純。

班家的集會所是當地人的休閒好去處，居民聚集於此聊天，分享事物，排練音樂與舞蹈，為慶典做準備。隨處可見的發呆亭，有時會看到居民在亭中休息，甚至是睡上一會兒，顯現出自然純粹，不疾不徐的生活步調。

服裝穿著

峇里島的傳統服裝，依循當地的生活理念，沒有過多的華麗精品，或多層次的繁縟穿搭，加上白天較為炎熱，因此島民的穿著，講求簡單舒適。

參加聚會或外出活動時，男生頭頂戴上頭巾，上半身的穿著，大都以純色休閒襯衫為主，下半身則會圍上沙龍；女生會將頭髮盤起，不會散髮出門，上方主要為兩件式穿搭，先穿上平口式的上衣，再搭配外衣，下方穿著沙龍，最後綁上一條緞帶。在重大活動時，女性的穿著會更加鮮豔亮麗，上衣通常搭配稱為Kebaya的傳統服飾(一種類似蕾絲的薄紗)。

▲婦人時常將特品頂在頭上

發呆亭散發悠閒氣息

男性服裝　　女性服裝

當地穿著典雅舒適(照片提供／Sang spa 2)

節慶

　　每當節慶到來，峇里島居民會全部動員，一起籌畫活動或祭拜，場面熱鬧，是深度旅遊的絕佳時機，以下介紹4個峇里島的重要節慶。

嘎倫甘與古寧甘
Galungan & Kuningan

　　嘎倫甘是第一天，古寧甘為嘎倫甘的10天後舉行，居民除了拜拜外，也會趁機拜訪親友，許多廟透過竹竿(Penjor)點綴，瀰漫傳統氣息。

涅匹日
Nyepi Tahun Baru

　　為印度教新年，又稱安寧日，涅匹日當天所有人暫停一切活動，商店不能營業，享受沉靜的一天，前一天有個Ogoh-ogoh遊行活動，趣味十足。

歐答朗 Odalan

　　此慶典於每年各村神廟的創建日舉行，因此每一村慶祝的時間不太一樣，慶典通常為期1～3天，舉行各種活動，居民也會準備貢品。

竹竿Penjor於慶典使用 (照片提供／小威的峇里島生活觀察)

峇里島藝術節
Bali Art Festival

　　6～7月是峇里島上的藝術節，大大小小的藝術表演，都會在登巴薩(Denpasar)舉行，從白天到黑夜有不同的活動。若是對於島上的節慶文化深感興趣，就別錯過每年的節慶。

Ogoh-ogoh活動
(照片提供／小威的峇里島生活觀察)

藝術節活動熱鬧舉行

朝聖

大小神廟

神廟,是峇里島的經典意象之一,許多遊客來到峇里島,總會選上幾個神廟,作為參觀景點,因為神廟代表著島上人民的信仰,並且是生活中的一部分。除了可觀賞與台灣截然不同的傳統建築,更可感受各個神廟的獨特之美。然而在進入神廟參觀前,請記得遵守廟方規定,入境隨俗。

宗教淵源與重要性

峇里島與印尼其他城市不同,大部分居民信仰的宗教並非回教。過去佛教曾經進入峇里島,後來印度教的影響力逐漸升起,並結合當地的信仰,成為峇里島的主要宗教。因此在峇里島較少看到回教清真寺以及佛教廟宇的蹤影,取而代之的是印度教神廟,大大小小數量眾多。

印度教的重要性,反應在居民生活中,除了可見店面、住家門口、路邊等,擺放一盒用椰子葉

▲為重要節日所準備的貢品更為慎重

編製的花米盒作為貢品外,居民更會每日祭拜神明,以示尊崇。重要節慶到來時,全村動員規畫活動,定期翻修神廟等,都足以讓人了解宗教對居民的重要性。

聽聞當地寺廟的數量,數以萬計,或許並非誇大,當地除了遊客常去的知名神廟,還有母廟、村廟及家廟等。加上當地人認為大自然萬物,是上天的安排,存有各自的靈性,所以也會膜拜山、海、猴子、石頭等,因此神廟數量,自然就多了。

峇里島人大部分信仰印度教

Bali Overview

神廟特色與朝拜

神祇

峇里島常見的單字Pura，是寺廟的意思。每間神廟雖有著不同的特色，坐落於山中、海邊或湖邊等，但主要朝拜的神祇，仍以印度教三大神祇最為普遍。焚天(Brahma)為創造之神、濕婆神(Shiva)為毀滅之神、毗濕奴(Vishnu)為維護之神，而三大神祇各自的妻子，一樣也是居民信奉的神祇。

神廟建築

神廟建築是依循信仰產生的獨特的建造巧思，屋頂的選材，順應使用當地棕櫚科的葉子，常常可見一層層堆疊好的葉子屋頂，搭配木材搭建而成。其中，部分神廟的屋頂，會採用高塔式的建築造型，層數以奇數位為主，最高為11層，蘊含崇高之意。另一方面，當地人相信萬物皆有兩面，有山就有海，有白天就有夜晚，有善就有惡，因此神廟的善惡門，更是常見的設計。善惡門的門口，兩邊為三角造型，呼應當地宗教信仰，一邊象徵惡，另

▲當地人到神廟虔誠拜拜

一邊則是善。除了神廟，島上的一般建築，有時也可看見善惡門的設計。

朝拜

到神廟朝拜，過程大致上可分為朝拜之前，應用泉水淨身，部分神廟會要求獻上給神祇的貢品；朝拜時，依照廟方人員的指示進行朝拜，誠心祈禱。由於各間神廟的儀式與細節可能有所不同，另外隨著遊客量、節慶活動等情況，也會有調整，建議大家到神廟後，可先與神廟人員確認整個程序，再進行朝拜。

若想像當地人一樣拜拜，請先了解程序

聖泉廟的水池景色唯美

參觀神廟注意事項 123

　　由於印度教在台灣較為少見，國人熟識度低，因此在此要提醒一下不同的規定與習俗。來到峇里島想要參觀神廟，應試著入境隨俗，尊重當地宗教，帶著誠心誠意朝拜。以下是基本的注意事項，但有些神廟的規定會更加嚴謹，務必在參觀前，先讀一下放在各個神廟門口立牌的注意事項，了解參觀規矩，做一位稱職的遊客。

拜拜是神聖的，請尊重當地文化

1. 進入神廟前遵守穿著規定

　　一般遊客常去的神廟，會提供沙龍，在進入神廟前，需圍上它，上半身穿著也避免過於暴露，部分神廟更會要求穿著傳統峇里島式的服飾才能進廟，遊客需自己準備那套服飾。

2. 勿進入當地居民朝拜區

　　許多神廟雖然開放參觀，但仍會為了尊重當地居民隱私，保留專有的朝拜區域，通常外面會貼公告或圍起來，禁止遊客進入。

3. 勿擅闖私人神廟

　　峇里島路上有許多的神廟，須注意某些神廟為私人所有，屬於社區的寺廟或家廟，若無對外開放，請勿自行入內。

4. 女性生理期間，勿進入神廟

　　進入神廟前，請先留意門口的告示牌或標語，若貼出禁止女生生理期間進入廟中，也請多加配合，尊重當地信仰。

參觀神廟時請入境隨俗圍上沙龍

神廟入口告示牌，清楚告知禁忌事項

當地人的朝拜區域，不能隨便跨越

精選知名神廟

不少神廟是峇里島的知名景點，承載著悠久的歷史與信仰，充滿濃厚的傳統氣息，以下三間神廟各有獨特之處，可安排一天去朝聖。

阿韻花園神廟
Pura Taman Ayun

周圍造景美不勝收

阿韻花園神廟周圍環繞河水，故此又稱為水上神廟，過去曾為孟威王朝(Mengwi)的皇家寺廟。最具特色的部分，在於神廟為塔式造型，共有11層，是最高層的塔式神廟造型。

阿韻花園神廟環境清幽

聖泉廟 Pura Tirta Empul

泉水開放體驗

位在山林中的聖泉廟，氣候宜人，格外涼爽，傳聞此廟的泉水有療效之說，能夠帶來財運與健康。水池提供給當地人使用外，也開放給遊客體驗。

聖泉廟泉水十分出名，據說能帶來財運和健康

不少人前來聖泉廟感受泉水

海神廟 Pura Tanah Lot

漲潮退潮兩樣情

峇里島的神廟中，海神廟是遊客必訪之地，漲潮與退潮時，擁有不同的兩種風貌。趁著退潮時，可近距離到海神廟下方，此外，這裡也是觀賞日落的絕佳地點，約莫下午5點，遊客會紛紛聚集，在此等候黃昏日落。

遊客排隊感受海神廟底下的泉水

25

欣賞 豐富藝術

島上的藝術豐富多元，舞蹈、音樂、畫作、雕刻、蠟染、銀飾等，皆蘊藏著峇里島的文化價值：畫家透過每一項作品展現生命，表演者運用演出沿續傳統，雕刻師透過各種雕刻品傳承巧思；不論是哪一種藝術領域，皆是搭建起峇里島魅力的點滴。因此到此地旅遊，別忘了停下腳步，好好欣賞當地藝術，來一場異國文化洗禮。

蠟染 Batik

蠟染是一門傳統技術，歷史悠久，運用蠟液在布料上描圖案，常以圖騰、花草的圖案為主，布滿整件衣服，完成後開始染色，塗上蠟的地方不會染上色彩，成為服飾上的花樣，圖案精緻細膩。若有機會參與當地人的重要活動，不妨穿上蠟染衣，你會發現跟你一樣選擇蠟染衣的人，不算少，因為蠟染服飾被視為是適合正式場合的服飾。

▲蠟染服飾設計推陳出新

至今的蠟染服飾，由於時代演變，設計的花樣推陳出新，隨著每個時期流行的時尚風格不同，廠商都會轉換蠟染服飾的元素，按照當時流行做調整，因此出現多樣化的款式與圖案，不再是過去的單調花色，迎合大眾口味。販售蠟染服飾的商家非常多，從小型攤販至連鎖店面，價格差異大，因此在選擇商品時要多加比較，觀察品質是否有瑕疵。

蠟染村的蠟染示範

舞蹈

從過去到現今，峇里島居民透過舞蹈表演與樂器演奏，作為慶典的活動，並將舞蹈誠摯地獻給神明。而提供遊客觀賞的舞蹈中常見以下類型，表演經常以一個故事為主題，透過舞蹈者的專業詮釋出故事的精華。

▲舞蹈與音樂相輔相成

巴隆舞 Barong

巴隆舞蹈為傳統舞蹈，舞蹈傳遞著宇宙中萬物皆有兩面的信仰，因此會出現善神(Barong)與惡神(Rangda)對抗的故事，過程中惡神會不斷向善神挑釁或是惡作劇，然而結局沒有強調誰勝誰負，而是善惡持續對抗彼此。善與惡的造型易分辨，善神類似舞獅，惡神則顯得跋扈頹廢，類似猴子造型。

◀巴隆舞使用的道具

▼舞者裝扮精緻閃耀　▶夜晚的哥洽克舞

哥洽克舞 Kecak

哥洽克舞是峇里島的特色舞蹈，與常見的舞蹈有所不同，通常由一群男性演出，大家圍繞在火把周圍，席地而坐成一圈，沒有樂器作為輔助，純粹使用人聲，發出「恰克」的聲音作為節奏，而哥洽舞的故事情節選自印度史詩《Ramayana》，舞蹈表演結合火的元素，精采壯觀。

雷貢舞 Legong

雷貢舞是種優美的經典舞蹈，舞者裝扮絢麗奪目，帶著華麗頭冠，穿上閃亮貼身的服飾。觀看表演時，請留意舞者的身段，強調優美柔和的舞蹈動作，配合一旁樂師演奏的旋律，以及節奏的快慢與強弱，傳達不同的意境，除了靈活的手腳律動，也重視頭部動作與眼神表達。

烏布市區有不少雷貢舞表演

皮影戲 Wayang Kulit / Shadow Puppet

皮影戲為印尼歷史悠久的表演，起源於西元9世紀，以爪哇島與峇里島的皮影戲最為聞名。皮影戲主要由戲偶、屏幕、燈與戲偶師組

▲皮影戲偶

成，各種戲偶特徵代表著不同角色，而戲偶的手部與唇部可以動作，透過戲偶師的操控與聲效，呈現各自的風格。

皮影戲是印尼的經典文化

繪畫

峇里島的早期畫作特色鮮明，被稱為皮影風格(Puppet Style)，由於過去可著色的原料較少，用色簡單，色彩較為單調，主要為藍、咖啡、紅、黃、黑、白，畫的內容以敘事為主，描繪神話故事或史詩，傳遞信仰的重要性。後期受到西方影響，引進許多現代的材料，畫布、水彩、墨水與蛋彩等，出現多元的繪畫風格，部分畫作呈現生活樣貌，刻劃人生的寫實面，顏色更加繽紛，繪畫技巧也更上層樓。

峇里島南部的巴杜安(Batuan)與中部的烏布(Ubud)，有較知名的畫派，至今仍有畫家不斷創作，發揮巧思。若想對峇里島的繪畫有更深一層的了解，烏布附近有不少的美術館，皆可去參觀，欣賞島上傑出畫作。

峇里島繪畫風格多元
(照片提供／Reservoart Gallery)

工藝品

石雕 Stone Carving

石雕的運用程度不亞於木雕，加上石頭重量重，材質不易破壞，建築上更是廣泛運用，門、牆面、大型雕像，都以石頭為主，因此不管是神廟或民居，一定都會有石雕品。大型雕刻外，也有小型精緻的藝術品，常見的精油台、牆上裝飾、燈具等，都適合帶回家中使用。巴杜布蘭(Batubulan)是知名的石雕村，與木雕村相似，商家會把作品擺放於街道上。

▲木雕面具為常見的紀念品之一

▶峇里島無處不存在著石雕
▼小型石雕藝品較適合帶回國

木雕 Wood Carving

木雕的運用廣泛多元，過去作為神廟、神龕與皇宮的使用居多，現今則延伸至各式各樣的紀念品與家中擺設。除了觀賞型的紀念品小物，如雕像、面具等，居家實用型的木雕藝品也不少，像是桌椅、門窗雕花與床櫃等；

此外，也有雕刻家使用植物的果實進行雕刻，例如椰子、麵包果。木雕的圖案以花朵植物、動物圖案居多，且做工精細。馬斯(Mas)地區是知名的木雕村，沿途皆有販售木雕的商家，將作品陳列於門前。

銀飾 Silver Jewelry

銀飾也是峇里島的特色，閃閃動人的飾品，包含手環、耳環、項鍊與腳鍊等，多元的銀飾引發不少購買慾望。澤魯克(Celuk)為知名的銀飾村，路上的商家與工作室多，不怕買不到銀飾，有些甚至成立觀光工廠，開放參觀製作流程，也可客製飾品，更有工作室安排DIY體驗活動，讓遊客親身打造專屬的製品。

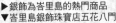

▶銀飾為峇里島的熱門商品
▼峇里島銀飾珠寶店五花八門

大啖

道地美食

峇里島信仰印度教，沒有回教徒不吃豬肉的禁忌，因此島上有許多傳統料理，皆是來自豬肉的延伸。由於位處東南亞，氣候炎熱，在烹調、用料與食材的選擇上，與泰國、越南其他東南亞國家，具有相似之處。其中，最為鮮明的美食特色，就是辣椒醬，餐點裡總會附上一匙辣椒醬，讓人搭配飯或食物；此外，香料的使用也是島上特色之一，香茅、薑黃、羅望子、月桂、班蘭葉、椰漿等琳瑯滿目，透過香料提升料理的香氣。另外要提醒的是，島上炸的食物，普遍較乾硬，非多汁路線，與台灣炸物不同。

8大傳統美食

沙嗲 Sate

大街小巷都可看到蹤跡，屬於島上的平民美食，類似台灣燒烤，較不同的地方在於醬汁，接受度高。

▶巴東餐也
可以自己點
想要吃的菜

巴東餐 Nasi Padang

是印尼巴東的特色餐，散布各個城市，櫥窗中堆疊的各式菜肴，很容易吸引目光，若想體驗道地吃法，就直接入座，讓服務人員為你呈上豐富的菜肴，自己挑選要吃哪些。

Bali Overview

大啖道地美食

烤豬飯 Babi Guling

烤豬飯是十分普遍的美食，烤過的豬肉，豬皮顯得脆口，不用特意淋上其他醬汁，保留原味，搭配一旁的飯與蔬菜，簡單美味。

薑黃飯 Nasi Kuning

加入薑黃汁到米飯中蒸煮，煮熟後米飯呈現金黃色，薑黃香氣不會過於強烈，建議可點薑黃飯套餐，有如便當，會搭配小菜與肉類。

綜合飯 Nasi Campur

又稱雜菜飯，是常見的餐點之一，搭配蔬菜、花生米、辣椒醬與肉絲等，各家主打配菜不太相同，但都是島上的傳統菜肴。

炸鴨餐 Bebek Crispy

與台灣的炸法有些不同，炸鴨餐(又稱髒鴨餐)炸好的情況，是讓整個鴨肉呈現酥脆程度，口感較乾硬，與台灣的多汁路線較不一樣。

印尼料理組合套餐 Rijsttafel

Rijsttafel是印尼經典菜肴，過去荷蘭人結合傳統的印尼美食，引入歐洲宴會用餐文化，從開胃菜、湯品、主菜以及甜點等，逐一品嘗，因此Rijsttafel是多道料理的綜合，滷牛肉、豆餅、蕉葉魚、沙嗲等道地料理皆呈現於餐桌，十分豐富。

豬肋排 Iga Babi / Pork Rib

大塊厚實的豬肋排，透過反覆燒烤，從遠方就傳來陣陣香氣，燒烤醬汁微甜微酸，搭配豬肉滋味十足。

點心飲品解嘴饞

　　峇里島的點心飲品，從炸物、甜品、飲料等種類五花八門，要很大篇幅才能夠全部介紹。以下列出幾種是路邊或傳統市場容易找到的小吃，也屬於國人應較能接受的口味。

🔺 點心類

炸物 Gorengan

　　外層裹上麵粉，油炸後撈起，外觀看似一樣，但內容物不同，炸香蕉、豆腐、丸子、春捲與豆餅等，分類堆疊好，就看要點哪一樣，可試試道地吃法，搭配一口新鮮辣椒。

珍多冰 Es Cendol

　　類似台灣剉冰，而綠色的珍多，類似台灣的粉條，但口感更為軟嫩，加入椰奶與椰糖調味，有些店家會加入其他佐料，像是黑糯米、綠豆與有嚼勁的食品等。

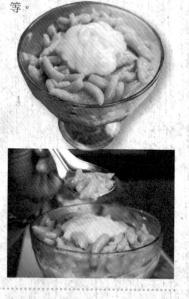

粿類糕點 Kue

　　Kue是印尼對於糕點的統稱，這裡介紹的糕點，屬於糯米製品，類似台灣的年糕，然而口感較為軟嫩，嘗起來甜甜的，顏色繽紛鮮豔，容易吸引目光。

雞肉糯米糕 Lemper

外型有圓有方，用香蕉葉包覆，為蒸過的糯米糕，餡料嘗起來有些鹹甜，雞肉、椰絲加入椰奶或咖哩炒過，像是不同風味的粽子。

椰絲球 Klepon

一顆顆裹上椰絲的可愛綠色點心，常見於島上傳統市場，麻糬內層包覆著椰糖汁，咀嚼時椰糖氣味明顯，非常特別。

🥤 飲品類

酪梨汁 Jus Alpokat

淡綠色酪梨果汁加入巧克力醬，降低酪梨本身些微的苦味，也增添甜味，外觀可看到果汁帶著一條條的巧克力醬，喝起來滿順口的。

椰子水 Kelapa Muda

島上的椰子有綠色與褐色兩種，味道不太一樣，除了現剖來喝之外，也可請店家裝在杯子裡，別忘了將椰果挖出來品嘗。

特殊水果

　　峇里島富含多種熱帶水果，是台灣沒有進口，或較少見的異國水果，這些水果有些風味獨特，有些外觀特殊。隨著季節更迭，各種水果輪替在各大超市、傳統市場出現，想要嘗試峇里島水果，不妨從這些下手。

山竹 Manggis

　　早期台灣有進口山竹，然而現在要吃到它，就要把握到東南亞國家的機會，比如是峇里島。白色的果肉，擁有酸甜軟嫩的口感，相信吃過的人大都會喜歡，挑選新鮮的山竹，留意蒂頭要是綠色的，而果子會呈現褐紅色，若是果子已變成深紅帶黑，則會比較難剝開。

蘭薩果 Duku Langsat

　　長得像龍眼的蘭薩果，剝開表皮後，像是縮小版的柚子，一瓣一瓣聚集在一起，形成一顆圓球狀，味道嘗起來跟柚子相似，清香可口。挑選蘭薩果要注意表皮盡量是完整的土色，若有褐黑色斑點，表示快要過熟了。

紅毛丹 Rambutan

　　紅色的鮮豔外表，在市場一眼就能認出。吃紅毛丹要剝開表皮，要注意裡面果肉中間有顆較硬的果實，別咬太用力。挑選紅毛丹時，盡量選擇顏色較紅的，表示果實較熟透，吃起來也比較甜。

刺果番荔枝 Sirsak

　　綠色帶點鬚的水果，長相有些奇特，最簡單的吃法，是剖開或是把外皮去掉，果肉長得像釋迦，但嘗起來完全不同，主調為酸，帶一些甜，常被作為果汁。

蛇皮果 Salak

　　深咖啡色的它，不知道的人會以為是香料，近看時，會發現其特殊的鱗狀外皮，故稱蛇皮果。剝開表皮後，黃色的果肉是可食用的部分，嘗起來微酸微甜，脆脆的不多汁，建議用手剝下果肉食用。

特殊豆製品

這些食物的味道較為特殊，喜歡的程度可能見仁見智，若想嘗鮮，建議可先點一小份或是試吃，確定自己可以接受這些味道，再多加嘗試。

豆餅 Tempe

透過黃豆發酵後製成的豆餅，帶一點發酵味道，尤其是炒豆餅的味道較為明顯，炸的豆餅氣味則較不明顯。

豆餅可明顯看見黃豆的顆粒

炸豆餅由黃豆製成

苦豆餅 Emping

外觀圓型呈現淡黃色，炸苦豆餅剛開始吃不會發現苦味，但咀嚼到了後段，苦味越發明顯，是印尼特殊的食材。

炸苦豆片常用來配湯或飯

臭豆 Petai / Pete

長條型的豆莢中，有著一顆顆小粒豆子，口感與其他豆類並無不同，但帶有獨特氣味，類似乾香菇的味道，烹調方式以清蒸與拌炒居多，越咀嚼味道越濃烈。

用餐注意事項 1 2 3

1. 重口味

當地人口味偏重，尤其是吃飯習慣配辣椒醬，不吃辣的人，記得點無辣的料理，或是提醒店員不加辣。

印尼美食離不開辣椒

2. 飲料要自費

大部分的餐廳，沒有奉上茶水，飲料通常要自費。

3. 桌上的水用來洗手

一些餐廳會擺放一碗水，除供應顧客吃飯前洗手用之外，當地人會用手抓飯，用餐完畢後也可再次洗手。

4. HALAL標誌

餐廳外若貼上HALAL的標誌，表示有提供回教餐點，回教徒不吃豬肉、酒、血類製品。

血拼

特色小物

　　每到一個國家，總會想要買上幾樣特色小物，帶回國做紀念，或是裝點居家。當然峇里島也不例外，漫步於傳統市集時，琳瑯滿目的藝術品很難不被注意到，而超級市場有販售食品，也是挖寶的好去處，諸如此類的小物送禮自用兩相宜。

伴手禮與紀念品推薦

蠟染衣

　　蠟染是印尼的傳統染布技術，特殊的圖案染在衣服上，讓衣服增添一份異國風情，若覺得蠟染服飾在台灣穿到的機率較小，也可考慮飾品類，如手巾、圍巾、桌巾或是蠟染的藝品等。

手工藝品

　　島上的木雕與石雕，大型無法帶回國，因此小巧可愛的藝品成了絕佳選擇。精緻的雕花與圖案，刻在擺設品、精油燈座、燈具、肥皂盒等上方，可為家中擺設與布置帶來不同的元素；銀飾也是峇里島的特色之一。

咖啡

　　印尼是重要的咖啡產地之一，各品牌推出的商品大同小異，但不論是哪家的咖啡，最高等級的應屬麝香貓咖啡(Kopi Luwak)。Excelso品牌的咖啡，包裝質感佳，價格划算，種類多元，更有咖啡豆與咖啡粉可以選擇，很適合送禮。

泡麵

泡麵的風味，似乎也成為體驗異國的一部分。峇里島的泡麵中，炒麵(Mie Goreng)比湯麵來的經典，一包炒麵的醬料包，通常有3～4種調味料，辣椒醬、甜醬油、油蔥酥等醬料包一起拌入，造就專屬的獨特味道。

J.Co甜甜圈

J.Co是印尼知名的咖啡連鎖店，除了可到店中享用咖啡外，也定期推出新的點心，像是優格與三明治等，其中顏色繽紛的甜甜圈常年提供，選擇多樣，口味豐富，價格也親民，喜愛甜食的人可嘗試。

ABC辣醬

辣椒醬是當地用餐的配角，吃飯時一定要配上幾口。而辣椒醬品牌跟咖啡一樣，非常多元，ABC是印尼的大廠牌，口味多元，有些透過圖案可以判斷辣椒的成分，更有一般辣、特別辣的程度之分。

護膚產品

由於峇里島的Spa產業蓬勃發展，除了Spa店家可看到去角質霜與精油產品，一般超級市場也可找到。去角質商品約可分成有磨砂、無磨砂兩種，在選購護膚商品時，建議選擇知名品牌或是店面的商家。

海灘服飾

熱帶島嶼的服飾，少不了充滿海灘風格的衣褲，因此許多人在峇里島總會買上幾件帶回家夏天穿。不過這些服飾大多是大量批發，難免會出現一兩件瑕疵品，因此在挑選時，記得檢查一下。

超市挖寶趣  私房推薦

去當地的超級市場逛逛，除了能夠增添旅遊的趣味之外，也可細細觀察各種看似一樣卻又不同的在地商品與蔬果。應能買到不少常常受到推薦的伴手禮，過程有如挖寶一般，十分有趣。

調味料

峇里島人善用香料與醬汁來增添食材風味，超市裡自然也有販售各種不同特色的醬料包，方便大家回家後直接使用，不用再去調配各種佐料的比例。購買時可藉由包裝上的圖案，判斷是拿來滷或煮湯。

餅乾

豆餅跟樹薯是台灣不常看到的餅乾，豆餅本身有黃豆發酵的味道，海苔口味可降低發酵氣味；樹薯餅的口感比洋芋片來的硬，本身味道不強烈，所以任何口味吃起來都不錯。

▲豆餅餅乾

◀樹薯餅乾

椰奶

當地的甜、鹹料理都普遍使用椰奶，讓料理增添濃厚香氣外，品嘗起來也更為順口。雖然台灣有進口，但價格懸殊大，因此喜歡椰奶味道的人，記得買上幾罐。會有沉澱的情況，使用前記得先搖晃。

羅望子糖果

羅望子用來煮湯及做成飲料外，當地也製成糖果，作為零食的選擇。羅望子糖味道獨特，類似烏梅的味道，微酸微甜的口感，吃起不會膩口。

犀牛水

因為包裝外觀為犀牛，所以被稱為犀牛水，是島上消暑飲料。除了有類似白開水的商品外，也有不少甜味飲品，荔枝、柳橙、蘋果、葡萄等，喝起來微甜清香。

巧克力

峇里島的巧克力口味眾多，有純巧克力、包餡巧克力與堅果巧克力等。不少超市推出精美的巧克力禮盒，成為諸多遊客買回國送禮的極佳選擇。

拉茶

拉茶雖然不是源自印尼，但Max Tea的拉茶味道不會過甜，濃度適中且沖泡簡單，在國內評價不錯，甚至已有超市進口販售，來到峇里島可別錯過採買的機會。

旅行小抄

塑膠袋要收費

印尼政府為響應環保，開始實施塑膠購物袋酌收費用的政策，一個袋子約Rp.200～500元（約台幣0.5～1.5元），未來可能會再提高費用，如果不想要塑膠袋可以跟店員說。在此也鼓勵大家自行帶購物袋或重複使用塑膠袋，為環境保護盡一份心力。

BINTANG飲料

BINTANG飲料為印尼熱門飲品，就連超商也可看見它的蹤影，主打的飲料種類如啤酒、黑麥汁與薑汁汽水等，滿足只想小酌或不碰酒精的消費者。

千層蛋糕 Kue Lapis Legit

喜愛甜點的人可別錯過這一款印尼經典蛋糕。一層一層細心製作，過程繁複耗工；入口時充滿著濃厚的奶油香氣，蛋糕不會過硬，搭配茶或咖啡都很適合。

蝦醬 Terasi Udang

蝦醬是烹調的重要配角，不論炒菜、煮湯，或是製作辣椒醬都會加入，提升料理美味之餘，更代表當地特有的風味。喜歡烹飪的人可帶一些回家。

※以上商品隨各大超市或賣場的營運考量，有時會發生找不到特定商品的狀況，可能是銷售一空，或因有他牌的同質商品，固未進特定品牌，建議可到不同店家搜尋。

享受

經典
SPA

峇里島的街上，除了眾多餐廳與飯店林立之外，Spa館也是隨處可見。每家Spa館價格差異大，能符合不同消費族群的需求，從簡單隨性的低價路線，到奢華享受的超高價位，形形色色，等待著顧客上門。喜歡Spa或按摩的朋友，來到峇里島，記得把握機會，因為類似的服務項目與品質，這裡的價格會比台灣划算許多，沒有體驗到，似乎就有點可惜了。

SPA與Massage

Spa館的服務項目主要可分類為4項，按摩Massage、去角質Scrub、泡澡Bath、敷膜Mask等。這些項目中，Spa與按摩Massage看似一樣，但卻不太相同。按摩就如同字面上的意思，透過雙手或腳，在身體上進行壓、揉、捏、按、轉等技巧，讓身體放鬆紓緩，不同的按摩方式，帶來的效果也不同。而Spa一字取自於Solus Par Aqua，Aqua是水的意思，因此Spa又被稱為水療，Spa除了按摩，有時伴隨敷膜、泡澡與去角質等服務，重視環境與音樂的營造，讓Spa體驗更加豐富，達到身心紓緩的效果。

除此之外，當你在查看店家的服務項目時，大都有提供Spa套裝組合，如常見的全身按摩1小時，搭配臉部敷膜半小時與泡澡

半小時。各位可針對自己的身體狀況或是想要的內容做調整，找出適合自己的Spa或按摩吧！

若是兩人同行可試著要求雙人房型

泡澡也是不錯的享受

常見的服務項目

前面提到的4大主要項目，通常會再細分，而店家提供的服務介紹以印尼文與英文居多，下面為常見的體驗項目介紹，讓你在抉擇之前，先了解其中的差別，找到合適的體驗。

● 乳霜按摩 Cream Massage

透過乳霜潤滑，用滑、壓、揉等方式，對身體各部分進行紓緩，力道相對較輕。

● 精油按摩 Oil Massage

與乳霜按摩類似，以滑、壓、揉的方式按壓，力道緩和，透過精油帶有獨特的香味，提升氣味的層次，連嗅覺也得到享受。

● 泰式按摩 Thai Massage

此種按摩重視身體伸展，與按壓式的按摩較為不同，按摩時由服務人員引導，做出身體與四肢的拉、轉、提等伸展動作。

● 熱石按摩 Hot Stone Massage

基本按摩後，透過圓潤的石頭在身上進行滑、壓、點等動作，最後將石頭放在身體各個穴位，加速身體暖和。

● 四手聯彈 Four Hand Massage

由兩位按摩人員同時服務，注重兩人的默契，可在按摩時明顯感受到四隻手的運用，有時在兩側，有時在前後，十分特別。

▲足部按摩屬於必備項目
（照片提供／Sang Spa2）

● 爪哇式按摩 Java Massage

力道時而強烈時而溫和，以紓緩身體為主。

● 峇里島式按摩 Bali Massage

力道較為強烈，讓肌肉放鬆。

● 指壓 Shiatsu

大部分過程運用手指的力道，進行按、壓、揉與轉等技巧。

● 露露 Lulur

由優格與香料混合而成的去角質霜，以溫和不刺激的方式保養肌膚。

Spa館打造舒適環境

一些Spa館主打使用天然植物成分
（照片提供／Komaneka at Monkey Forest）

41

SPA流程

Spa的程序會比按摩來的多，以中高價位的體驗為例，流程往往會加入去角質或敷膜等項目，而低價位的流程會簡單一些。若只是單純按摩，沒有精油或乳霜，則不需要更衣或沖洗。

Step
1 調查身體狀況

以填問卷或是親自詢問，從中了解顧客有哪些部位需要做加強，或有感覺哪裡特別痠痛。如果有不想被碰觸的身體部位，也可直接告知服務人員。

Step
2 選擇精油

不少店家提供3～4種精油作為選擇，像是雞蛋花、綠茶、椰子、茉莉花等，現場有精油瓶可試聞，有不喜歡的味道或會過敏的，可告知服務人員進行調整。

精油約有3～4種可選擇

Step
3 更衣洗腳

進行按摩之前，店家會提供紙內褲與毛巾，只要穿上紙內褲圍上毛巾即可，不需要將衣物再次穿上，如果沒有提供紙內褲，則穿自己的內褲即可。更衣完畢後，部分店家會提供洗腳的服務。

42

可與服務人員溝通力道大小
(照片提供／Spa Bali)

Step
4 進行按摩

通常會先從背面開始，按完手、腳、肩頸、背部之後，再轉身換正面。整個過程若是覺得服務人員力道不夠或太強，不用感到不好意思，直接提出即可。

Step
5 去角質、敷膜與泡澡

按摩完畢後，進行去角質或敷膜，加強肌膚的保養，最後才是泡澡，每個階段大都是半小時。

Step
6 享用茶點

按摩完建議可喝溫的飲品，若有提供薑黃茶，可嘗試看看，喝起來有薑的辛辣感，但不會太嗆。

結束療程後享用茶點(照片提供／Villa de daun)

價位分析

峇里島不只滿街是Spa館，飯店也附設Spa服務，隨著價格高低，提供的服務與環境會有所不同，區分出不同市場。此外，年年都有新店家開設，常可見優惠方案，也會隨著淡旺季調整價格，可到現場後自行評估，有時會發現意想不到、划算又優質的Spa館。

價位分析表

價位	環境	備註
低價位 1 hr約300元以下	・環境造景與氛圍營造品質普通 ・隔音效果普通，容易受到干擾	鬧區街上都有，較不需預約
中價位 1 hr約500～800元	・環境造景與氛圍營造品質不錯 ・房間隔間清楚，擁有獨立空間 ・距離鬧區較近	部分需預約
高價位 1 hr約850元以上	・環境造景與氛圍營造品質高 ・房間以獨立或私人為主，隱密性較高 ・有些離鬧區遠一些	大都需要預約

※表格內的價格是折合台幣後的價格　　　　　　　　　　　　　(製表／陳怜朱)

SPA・按摩體驗需知 1 2 3

1. 剛吃飽別去按摩

由於按摩會趴下平躺，揉壓背部時，會間接影響到腸胃，因此若是吃飽後立刻按摩，可能會覺得不舒服，建議最好在餐後1小時或更久一點之後再去按摩。

2. 若有懷孕須先告知

有些按摩針對特殊穴位、按壓的力道較大以及香草的材料可能不適合孕婦體驗，若已知自己懷孕，務必告知服務人員，溝通是否適合做Spa或按摩。

3. 可詢問是否有接送

有些Spa館離鬧區有段距離，所以會提供來回接送，建議可先電話詢問是否包含接送，並且告知你的時間、飯店地點、電話號碼等，方便服務人員聯繫。

4. 太便宜請斟酌

有些店家因預算考量，沒有提供按摩床，就躺在一般的床舖，臉部的部分沒有空洞凹槽，無法順勢趴躺。建議可先察看環境再決定。

在按摩前不妨先觀察房間環境

剛吃飽不建議按摩或是泡澡
(照片提供／Komaneka at Monkey Forest)

體驗 DIY 樂趣

近期峇里島在DIY體驗課程上包羅萬象，像是體驗製作傳統料理與飲品、雕刻藝品與飾品，以及舞蹈或皮影戲教學等，各式各樣的體驗，透過親身感受的過程，讓遊客可以更深入當地的文化風俗。

經典DIY體驗介紹

廚藝體驗 Cooking Class

品嘗美食往往是驅使人們旅遊的動力之一。峇里島的傳統美食，如果不想止於品嘗，不妨動身前往廚藝教室，藉由雙手製作出當地料理。大部分的廚藝課程，不單是烹飪，也會告知各種香料與食材的特色，從中學習島上的飲食文化。運用簡單的教學，烹調出美味的料理，是大小朋友都能參加的體驗。

草藥體驗 Jamu Class

調配草藥汁，是印尼傳統風俗之一，當地人認為草藥擁有強身健體的效果，幫助身體代謝循環，在路上若看到有婦人背著一罐罐的液體，那應該就是在賣草藥汁。做出來的草藥味道，接受程度可能見仁見智，而草藥可否有療效之說也無法具體證明，因此想體驗此類型的活動，務必先了解草藥本身的成分，再來嘗試為佳。

▲並非所有草藥汁的味道都能讓大眾接受

廚藝課程使用食材

草藥是島上傳統文化

蠟染體驗 Batik Class

蠟染也是常見的DIY體驗，親手拿著沾上蠟液的棍子，從各式各樣的圖案中選出一種，然後用蠟液將圖案描繪在布上方，有些體驗是讓你親身蠟染服飾，耗費的時間較長，若是時間有限，可考慮蠟染一條手巾是將蠟染做成一幅小畫。

蠟染圖案可讓遊客自行發揮創意

貢品盒製作 Canang Sari

Canang是峇里島常見的貢品，島民每日皆會供奉，馬路上、商店門口、司機車上以及景點等，都可看到它的蹤影。市集也會販售相關的備品，提供當地人方便購買。遊客也可參加教導製作Canang的體驗課程，從無到有製作出貢品盒，更加貼近當地文化。

▶貢品盒顏色十分繽紛

製作貢品盒的材料

銀飾體驗 Silver Making Class

峇里島上著名的紀念品中，閃亮奪目的銀飾品，總會吸引不少注意，雖然開放製作銀飾的體驗課程仍是少數，但還是有工作室願意提供此項服務，遊客可以自行設計、繪圖，製作出一條獨一無二的銀飾，不管送人或自己留作紀念，都是不錯的選擇。

DIY注意事項 1 2 3

1. 需要預約

開放體驗的店家，都有固定的時段，其中小型的工作室，DIY體驗大都有人數限制，最好在一週前預約，讓他們有時間做好準備。預約方式可透過網路預約或是手機聯絡，確認時間與日期。

2. 英文普遍可以通

想要體驗DIY的遊客不少，因此網站上大都有英文頁面，現場也會有說英文的當地人，雖然不是專業的英文會話，但基本溝通與關鍵字是沒有問題的。

3. 並非每間工作室都有DIY體驗

工作室(Workshop)，是峇里島藝品店常用的名稱，部分的工作室僅開放參觀與購買的服務，而無DIY體驗服務；通常在網路上有註明，或是店家有貼資訊，才是開放給遊客體驗DIY的工作室。

DIY體驗推薦

　　中部的烏布是藝術的匯集地，因此也有許多體驗課程，包含廚藝、銀飾、皮影戲偶、舞蹈教學等，以下介紹的DIY體驗皆在烏布市區附近，最近的地點可步行前往，最遠的搭車約10～15分鐘即可到達。

1.廚藝課程門口 2.3.廚藝課程能輕易入手 4.普利路基珊博物館提供多種體驗(照片提供／Museum Puri Lukisan) 5.銀飾體驗地點 6.銀飾製作一樣有人指導

▌Payuk Bali廚藝體驗

✉ JL. Raya Laplapan, Ubud, Gianyar
💲 約Rp.35萬元

　　專門提供烹飪當地傳統菜肴的課程，分為早上與下午兩場，早上的課程會到烏布傳統市場，來一趟市場巡禮，體驗時廚師會介紹食材與製作方式，整堂課大約4～5小時不等。

▌Studio Perak銀飾體驗

✉ Jl. Hanoman, Ubud , Gianyar
💲 不同的飾品價格不同

　　課程約3小時，都在早上09:00～12:00，旺季有時會開放下午，從烏布皇宮步行10分鐘內即可到達，現場人員除了告知流程外，也親自教你如何製作銀飾。

▌普利路基珊博物館

✉ Jalan Raya Ubud, Gianyar
💲 約Rp.14萬～57萬元不等

　　博物館提供多種的體驗：皮影戲偶製作、木雕、繪畫與蠟染體驗等，更有舞蹈教學，時間長短隨著製作難易度有所調整，有半天可完成的，有的需要將近一天。地點靠近烏布皇宮，便利性十足，但價格較為昂貴。

入住
多元旅館

峇里島住宿選擇豐富，度假村、別墅、飯店、民宿，甚至也有提供長期租賃的住宿地點。由於住宿產業競爭激烈，對於遊客來說，反而是一件好事，因為不論預算多寡，或是前來峇里島的旅遊動機為何，只要多加搜尋，尤其是淡季前往，大都可用划算的價格，訂到品質不錯的住宿地點。

住宿種類

度假村 Resort

　　度假村往往占地寬廣，環境造景也較為講究，尤其是大規模度假村，游泳池、健身房、餐廳，甚至是Spa服務，這些設施皆為基本設施，相對的小型度假村較無多項設施，但環境質感仍不錯。一般度假村價格約在台幣3,000～5,000元，高檔從6,000元至上萬都有可能。另一方面，不少度假村也提供婚禮規畫，吸引不少想舉辦海外婚禮的顧客群。

傳統小屋 Cottage

　　小屋以平房式與兩樓式設計為主，在環境營造上，部分保有當地傳統建築或鄉村風格，屋頂以鋪設草屋或紅瓦片居多，屬於峇里島與印尼其他城市常見的傳統建築。另外Bungalow也是島上常見的住宿選擇，一樣有現代裝潢與印尼傳統建築兩種風格。傳統小屋的價格通常會比別墅與度假村便宜一些，大約落在台幣2,000～4,000元不等，不過若是獨棟式的價格會較高。

部分度假村提供婚禮規畫 (照片提供／Keraton Jimbaran Beach Resort)

傳統小屋Cottage價格往往較為親民 (照片提供／Sri Ratih Cottages)

▲高檔Villa附設小客廳與餐廳(照片提供／Villa de daun)

別墅 Villa

別墅大都是平房式設計，獨棟一個房間或兩個房間，重視隱私，各個獨棟的房間通常會用門與圍牆隔開，有點像是住宅的感覺。峇里島的別墅種類多元，從私人高級別墅、飯店附屬別墅以及一般別墅等價格懸殊大，另外，在選擇別墅時，提供的種類與設備，也會影響價格，諸如是否包含獨立泳池、小客廳、廚房等。普遍都在台幣4,000～8,000元不等，高檔的則會破萬。

◀品質較好的住宿地點會提供迎賓飲料(照片提供／Villa de daun)

飯店 Hotel

從3星到5星的飯店比比皆是，各大知名的連鎖飯店遍布於峇里島上，尤其是在鬧區，不用擔心找不到住宿地點。由於競爭大，飯店的價格都不會太高，約台幣2,000～3,000元就有4星級的選擇，很適合走經濟路線或預算有限的遊客。

住宿專屬服務

當你入住後，不妨研究住宿地點提供的服務，有些可是免費的。以下的服務，費用會隨著飯店制度有不同的調整，若想使用這些服務，可與櫃檯服務人員確認。

● 機場接送(通常為固定時段)
● 市區往返(通常為固定接駁時間)
● 計程車叫車服務
● 訂套裝行程與體驗

高檔飯店的外觀造景講究
(照片提供／Le Méridien Bali Jimbaran)

Bali Overview

住宿需知 ❶❷❸

1. 地段會影響價格

選擇住宿地點時,有些住宿價格十分便宜,可能是因為距離鬧區遠的緣故,另外,是否有供應早餐,也會影響價格。若希望單純於鬧區中住宿,擁有地便之利,預訂時需特別留意飯店與市區的距離。

2. 開夜床服務(Turn down service)

開夜床是高檔或是較用心的住宿業者所提供的服務,主要是在接近下午或黃昏時分,房務人員會到房間將棉被摺一角或是將房間稍作清理,因此若是從戶外回來,發現自己房間有些不同,可別以為有人侵入。

3. 供應的早餐類型不同

住宿類型不同,會影響入住的總體人數,相對提供的早餐類型也不太相同。飯店與度假村的入住人數眾多,通常以自助式的早餐為主,選擇多樣;而傳統小屋與別墅的人數較少,早餐通常以單點或是小型自助式為主。

▲早餐提供西式餐點較為常見
◀印尼的早餐以炒飯或炒麵為主

4. 押金記得取回

部分飯店要求入住前須付押金,價格從Rp.50萬~80萬元不等,視飯店而定,記得退房時要拿回自己所繳交的押金。

5. 天花板上的箭頭

進入房間後,細心的人會發現天花板上有一個箭頭指標,此標示是提供給回教徒看的,箭頭的方向為回教徒膜拜的方向。

房間的箭頭是回教徒朝拜的方向

開夜床服務 (照片提供/Ramayana Resort & Spa)　峇里島馬桶旁一般有水管供沖洗

行程規畫

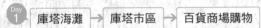

4日 精簡行程

當時間有限，建議不需花費交通時間前往北部，可在南部與中部地區做重點觀光。

Day 1 庫塔海灘 → 庫塔市區 → 百貨商場購物

Day 2 蠟染藝術村 → BCC文化中心 → 聖泉廟 → 烏布夜間傳統舞蹈欣賞

Day 3 廚藝課程DIY → 烏布皇宮 → 烏布市集 → 烏布博物館參觀

Day 4 登巴薩紀念碑 → 水明漾大街 → 回國

6日 輕鬆行程

6天行程就可將遊程向北部延展，也可深入更多中南部景點。

Day 1 水明漾大街 → 3D夢想多維博物館 → 庫塔市區

Day 2 蠟染藝術村 → 銀飾村 → BCC文化中心 → 烏布博物館

Day 3 DIY廚藝課程 → 烏布皇宮 → 烏布市集 → 烏布夜間傳統舞蹈欣賞

Day 4 巴杜爾火山 → 聖泉廟 → 德哥拉朗梯田

Day 5 登巴薩紀念碑 → GWK文化公園 → 金巴蘭海灘 → 海鮮晚餐

Day 6 海神廟 → 百貨商場購物 → 回國

8日 經典行程

能從容不迫在峇里島上悠閒度假，走訪更多美麗的地方。

Day 1 庫塔海灘 → 3D夢想多維博物館 → 庫塔市區

Day 2 蠟染藝術村 → 銀飾村 → BCC文化中心

Day 3 DIY廚藝課程 → 烏布皇宮 → 烏布市集 → 烏布夜間傳統舞蹈欣賞

Day 4 巴杜爾火山 → 聖泉廟 → 德哥拉朗梯田

Day 5 雙子湖 → 布拉坦湖神廟 → 香料市集

Day 6 DIY銀飾課程 → 阿韻花園神廟 → 水明漾廣場

Day 7 烏魯瓦圖神廟 → GWK文化公園 → 金巴蘭海灘 → 海鮮晚餐

Day 8 庫塔藝術市集街 → 百貨商場購物 → 回國

Bali Overview

10日 深度行程

可多加安排深度體驗類型的活動，親身製作當地菜肴或藝品，更可考慮在離島住上2天，感受印尼的不同特色。

Day 1 水明漾大街 → 3D夢想多維博物館 → 庫塔市區

Day 2 蠟染藝術村 → 銀飾村 → 木雕村 → BCC文化中心

Day 3 DIY廚藝課程 → 烏布皇宮 → 烏布市集

Day 4 DIY銀飾課程 → 烏布博物館 → 烏布夜間傳統舞蹈欣賞

Day 5 巴杜爾火山 → 聖泉廟 → 德哥拉朗梯田

Day 6 雙子湖 → 布拉坦湖神廟 → 香料市集

Day 7 前往龍目島 → 聖吉吉海灘大街 → 莎莎克族部落

Day 8 吉利島跳島浮潛一日遊

Day 9 返回峇里島 → 金巴蘭海灘 → 海鮮晚餐

Day 10 海神廟 → 百貨商場購物 → 回國

廚藝課程

GWK文化公園

BCC文化中心DIY體驗

銀飾課程

旅行小抄

搜尋景點地址

出發前在做功課時，有時會發現當地許多景點、餐廳或是飯店的地址，僅寫到路名而已，會標示門牌號碼的反倒不多，這其實是當地特色。有時也會有一種狀況，就是Google Map的景點地址與書中或是官網上面的不同，可能是因為同一條路分成好幾個路段名稱所致，建議讀者在使用Google Map搜尋地點時，以「店家名稱」去搜尋，會比用地址來得有效率喔。

分區導覽

北、中、南區與離島，風光大不同

🌺 **北部地區**：擁有豐富的自然景致，巴杜爾火山、布拉坦湖與雙子湖等是島上的特色奇景，讓人沉醉在自然生態中，體驗自然帶來的美好純粹。越往北邊走，風情越顯純樸，沒有繁華的觀光氣息，各個小鎮都很適合放鬆度假。(p.168)

🌺 **中部地區**：富含峇里島的藝術文化，適合偏好文化類型的遊客，鄰近的蠟染、銀飾、木雕與石雕村，是遊客深度了解傳統技藝的好去處，尤其是烏布，為藝術匯集之地，不論是舞蹈、雕刻或傳統表演等，文化方面的特色，在此發光發熱。(p.126)

🌺 **南部地區**：觀光發展旺盛，非常繁華，可滿足喜愛逛街購物的遊客，百貨公司、商店街、小攤位林立，包羅萬象的紀念品與伴手禮都尋覓得到。(p.54)

🌺 **離島地區**：在此介紹的是距離峇里島不遠的龍目島。龍目島為近期興起的旅遊地點，其中吉利三島是周邊的小島，二日遊的跳島行程，讓人盡收海上景致，而海底的繽紛世界，也吸引了許多潛水愛好者前來探險。(p.180)

南部地區 South Bali

南部地區地圖

登巴薩Denpasar ◎

水明漾Seminyak ■

雷根Legian ■　■
日落大道Sunset Road

沙努Sanur ●

庫塔Kuta ◎

峇里島機場 ✈

金巴蘭Jimbaran ◉

努沙杜瓦Nusa Dua ●

烏魯瓦圖Uluwatu ◎

沙灘・購物・夜生活

庫塔 Kuta

概 況 導 覽

南部的庫塔是峇里島觀光最蓬勃發展的地區，過去只是個小漁村，如今隨著觀光產業的延伸，成為目前最熱鬧地區之一，尤其到了旅遊旺季，遊客湧入，庫塔街上的人潮絡繹不絕，就連晚上也是熱鬧非凡。

▲庫塔市區夜晚街景

庫塔沙灘是著名景點之一，除了能夠戲水、衝浪及從事水上活動外，沙灘上也聚集了眾多人潮，有日光浴、看書、散步的遊客，也有攤販沿灘兜售物品。若用餐時也想欣賞海景，沿著海邊走，就會看到各種餐廳、酒吧、燒烤店，或是飯店附設的餐廳，都有不錯的佳肴。

購物是庫塔另一個吸引力，商品琳瑯滿目，從百貨公司的專櫃品牌，到小攤販的雜貨紀念品，形形色色的商品滿足不同需求的遊客。可以規畫一日或半日的購物行程，用步行或搭乘計程車的方式，逛逛雷根大街與藝術市集街兩旁的精巧商店。

喜好夜生活的遊客，別錯過庫塔熱鬧的夜間活動，集中在雷根大街的俱樂部或酒吧眾多，各家有不同的表演活動，不過在此叮嚀各位，不管是在哪一個國家，只要到了國外，深夜時段建議別在外逗留太晚，多加注意自身安全，若想要飲酒，也請留意自身酒量，適量小酌。

一日遊時間安排

庫塔藝術市集街＋庫塔廣場	2 hr
庫塔海灘	1 hr
SPA體驗	2 hr
Beachwalk Shopping Center	2 hr
市區餐廳用餐	1 hr

爆炸紀念碑與其前方的小廣場

炸鴨餐是當地傳統美食之一

庫塔地圖

Jl. Melasti
Bella Italia
Rehat Massage &Reflexology
Yes Spa
Grandmas Hotel Legian
Jl. Patih Jelantik
Legian Paradiso Hotel
Spa Bali
Sour Sally
Jl. Patimura
Giant超市
Jl. Majapahit
Jl. Raya Kuta
DaLa Spa
Villa de daun
The ONE Legian Hotel Bali
Jl. Legian
Beachwalk Shopping Center
Bebek Tepi Sawah
爆炸紀念碑
Bali Bombing Memorial
帕皮斯二街
Jl. Popies Lane II
Jl. Gang Bima
Jl. Pantai Kuta
Sky Garden Bali
Jl. Legian Gg. Troppozone
J4 Hotels Legian
庫塔海灘大街
庫塔海灘Kuta Beach
地下市集Kutabex Market
Jl. Popies Lane I
ODYSSEYS
衝浪學校
Hard Rock Hotel Bali
favehotel Kuta Square
庫塔海灘主入口
Jl. Pantai Kuta
海龜保育中心
庫塔廣場
Kuta Square
庫塔藝術市集
Jl. Raya Kuta
Jl. Bakung Sari
Jl. Kuta Art Market
Matahari Department Store
Foodmart Gourmet超市
Wake Bali
Art Market
Jl. Kartika
Gabah
Ramayana Resort
Rama Spa
Waterbom Bali
發現百貨Discovery Shopping Mall
Batik Keris
Segara Asian Grill
Oceans 27 Beach Blub and Grill
Jl. Sunset Road
Jl. By Pass Ngurah Rai
T Galleria DFS
觀光巴士Kura Kura Bus總站
Mal Bali Galeria
超市Hypermart
EXCELSO
J.Co
Jl. Bumi Sari
Jl. Raya Kuta
Jl. Blambangan
Jl. By Pass Ngurah Rai

熱 門 景 點

人潮絡繹不絕

庫塔海灘
Kuta Beach

✉ Jl. Pantai Kuta, Kuta

🅲 Beachwalk Shopping Center購物中心
正前方沙灘,即為庫塔海灘

⏳ 1 hr

⁉ 許多沙灘躺椅要消費才能使用,建議可
先詢問,或是席地而坐

MAP P.56

▶初學者可找衝浪學校報名課程

Kuta

56

海灘行動攤販大觀察

玩家交流

庫塔海灘的人潮，似乎沒有在分淡旺季，有人潮就有錢潮，因此行動攤販就會出現，其中令人感到特別的有以下幾種。

● 編髮：雖然不知道海邊與編髮有什麼關聯，不過仍有很多人嘗試，將頭髮編成數十條小辮子，原本蓬鬆的髮型變得緊實牢固。想嘗試需先做好心理準備，編髮的過程可是滿痛的，且頭皮會變得有些緊繃。

● 海灘按摩：若是針對肩頸頸部，坐著就可幫你按，若是全身或背部，大嬸則會準備一條毯子，隨性地鋪在海灘旁，立刻幫你按摩，連修指甲的服務也有人提供。

● 烤玉米：儘管不是最特別的，但峇里島的烤玉米滋味不錯，金黃色的玉米本身甜甜的，不需要過多的調味，一支通常不會超過台幣40元，屬於當地受歡迎小吃的前幾名。

庫塔海灘

庫塔海灘海岸線長，海浪平緩，沙子顏色較為淺白，是深受遊客喜愛的海灘之一，也是戲水游泳、日光浴與衝浪的好去處。而黃昏時分的庫塔海邊，是欣賞日落的絕佳地點，尤其在人潮特別多的時段，海灘上會湧現許多特別的行動攤販，到處行走隨機招攬生意，服務五花八門，成為海灘的特色之一。此外，海灘上到處可見商家提供各種衝浪板租借等，每經過一個商家就會被詢問一次，若有興趣可與商家討論價格與內容。

商家正準備擺攤

海灘上的躺椅須付費使用

海龜保育中心
Kuta Beach Sea Turtle Conservation Center (KBSTC)

- ✉ Jl. Pantai Kuta, Kuta
- 🕐 活動日期與時間每年不一定，請參考峇里島海龜協會臉書
- ➡ 庫塔海灘上
- ⏳ 參加活動約 2 hr
- ⁉ 請勿擅自觸碰小海龜與埋在沙中的蛋
- 🗺 P.56

庫塔海灘是海龜喜愛下蛋的區域之一，然而小海龜在孵化與返回海洋的過程中，會面臨一些威脅，加上海灘的遊客多，對自然生態也會造成一定衝擊。為此，庫塔海灘維安人員與峇里島海龜協會合作，從西元2002年起著手保護海龜蛋；2008年，Coca-Cola Amatil Indonesia、Quiksilver Indonesia以及Garuda Indonesia從峇里島淨灘計畫中，延伸出庫塔海灘的海龜保育中心，共同守護峇里島海龜。

保育中心沒有過多的裝潢，一座大大的海龜造景，簡單明瞭。其中海龜中央的凹槽及兩旁的方櫃裝著沙子，看似尋常的沙，其實裡面盡是海龜蛋，等待著小海龜孵化成功。上方插滿小旗子，記錄著各個海龜蛋的品種、放置日期、預計孵化日期與編號等資訊。

現今每年的5～9月，是小海龜孵化的主要月份，保育中心定期將孵化的小海龜放回大海，並開放民眾參與，一同見證小海龜返回大海的經過。海放日期由峇里島海龜協會(Bali Sea Turtle Society)決定，會公布在協會的臉書上，想要參加的民眾請事先報名，活動時間普遍在16:00開始，但請在15:00前到現場報到。

保育中心外的海龜模型

小朋友爭先恐後觀察小海龜

剛孵出的小海龜

58

Kuta

來一場海上探險

衝浪學校
Surf School

- ✉ 各家不一
- 🕐 各家不一
- 💲 依項目不同價位有所調整
- ➡ 庫塔海灘沿街
- ⏱ 每堂課約為2.5 hr起
- ⁉ 從事水上活動應評估自己的體能與狀況
- MAP P.56

衝浪一直是峇里島熱門的水上活動，只要是合適的沙灘與海浪，皆可看見各個衝浪好手展現英姿，其中庫塔海灘與雷根海灘由於靠近鬧區，儼然成為衝浪的絕佳去處。海灘上總能看見幾個衝浪的人，有些程度極好，可以順利地隨著層層海浪而移動，十分精采；而有些是初學者，慢慢適應海浪載浮載沉。

各種出租衝浪板的店家數量不少，對於原本就

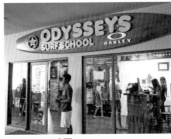

ODYSSEYS店面

▼ODYSSEYS店面位於招牌後方建築

會衝浪的好手們，租借衝浪板是個不錯的選擇，然而對於初學者來說，自行摸索衝浪技巧實屬不易，因此若想正確的學習衝浪，不妨可考慮海灘附近衝浪學校。

衝浪學校提供多元課程，讓初學者一步步地學習，資訊都可在網路上搜尋得到。教學方式有多對一、二對一、一對一，價格也有所調整，每一堂課程整體為2.5小時，建議選擇設備齊全、有合格證書以及已投保保險的衝浪店家。其中，ODYSSEYS是較為知名的衝浪學校，相關課程、價格與設備等，都具體寫在網站上，可將它擁有的服務與設備作為搜尋衝浪學校的基本，再去多家比較，找出最合適的商家。

ODYSSEYS衝浪學校
🌐 www.odysseysurfschool.com

南部 庫塔——熱門景點　海龜保育中心・衝浪學校

若想正確學習衝浪，可考慮找教練指導

庫塔藝術市集街
Jalan Kuta Art Market

- 📧 Jl. Kuta Art market, Kuta
- 🕐 09:00～21:00(淡旺季有調整)
- ➡ 庫塔廣場附近，看見街道Jl. Bakung Sari後，對面為Jl. Kuta Art Market，即為庫塔市集街
- ⏳ 1hr
- ⁉ 店面以現金結帳居多
- MAP P.56

▲此樂器發出的聲音帶著當地音樂特質

Jl. Kuta Art Market 延伸至海邊之前的這一段路，又稱為庫塔藝術市集街，市集街的主要大路，搭著布棚，兩旁懸掛的商品，讓藝術市集增添繽紛感。店家販售服飾、藝術品、生活用品與飾品等，不少可愛精緻的小物，一一陳列，大都是當地的商品居多。許多小巷也存在著店家，一樣可以挖寶，不過小巷走道較小，可能無法並行。由於庫塔離國際機場不遠，許多遊客選擇最後一天在庫塔入住，以便隔日前往機場，因此藝術市集街也被視為購買當地紀念品的終站之一。

▼市集裡的小巷值得一探

▲商家常會與你議價

▲各種玩意兒聚集於市集內

旅行小抄

此市集非彼市集

網路搜尋Art Market時，會發現有兩個藝術市集，在此介紹的藝術市集，是在庫塔海邊旁的藝術市集街，為一條街道，而另一個藝術市集，則是一間店家，位於庫塔區的發現百貨(Discovery Shopping Mall)附近，與本篇介紹的這條市集街道不同喔。

這間Art Market是一家商店

名牌店面排排站

庫塔廣場
Kuta Square

✉ Jl. Raya Kuta, Kuta / Jl. Bakung Sari, Kuta
🕐 各家店面普遍在10:00開始營業，21:00後結束營業
➡ 太陽百貨那一區，即為庫塔廣場
⏳ 1hr
🗺 P.56

商家價格與折扣都標在產品上

太陽百貨(Matahari)是庫塔廣場中最顯眼的地標，有著靠近庫塔海灘的地利之便，總是人來人往。廣場的店面整體統一，中間的椰子樹將道路分為兩邊，因此店面順著分為兩側，晚上經過庫

庫塔廣場店面分為兩側

在庫塔廣場周邊用餐不是問題

塔廣場，各家商店燈火通明，彷彿小型都市的場景一般。周圍的商家，除了知名廠牌的實體店面，還有一些速食店與咖啡廳，用餐不成問題。常被推薦必買的POLO衫，也可在此找到。由於店面已將價格標示清楚，議價空間相對較小。

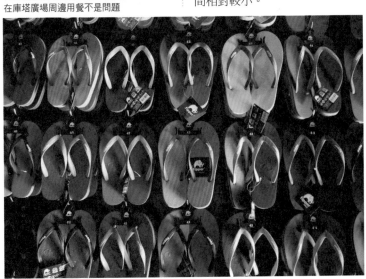

Fipper夾腳拖鞋也是經常被推薦的商品之一

庫塔海灘大街
Jl. Pantai Kuta

- ✉ Jl. Pantai Kuta, Kuta
- 🕐 商家普遍在10:00開始營業，21:00後結束營業
- ➡ 庫塔海灘旁
- ⏳ 1 hr
- 🗺 P.56

庫塔海灘大街前後兩段的風貌可說是截然不同，前段位於海灘前方，集結大型飯店、精品商店以及商場中心等，熱鬧繁華；後段延伸到市區內，以在地化的商店為主，在此可見各種紀念品店，由於每家品質不一，要記得留意是否有瑕疵品。想要覓食，

這裡也聚集了海鮮餐廳、俱樂部、酒吧與飯店餐廳等，提供多元選擇，有些則透過夜間表演與活動，吸引喜好夜生活的遊客。而新興商場Beachwalk Shopping Center也在海灘大街上，為大街增添現代購物的選擇之一。

旅行小抄

單行道奧妙之處

庫塔的街道不少條為單行道，有時搭乘計程車，因為單行道無法逆行，會發現明明只是距離不到1公里的景點，司機卻需繞路而行。若是步行距離不超過10分鐘，建議可自己走路前往，減少時間花費以及繞路的情況發生。

海灘大街上有各式創意商店

商場Beachwalk Shopping Center位於海灘大街上

大街有時會出現行動小吃攤

逛街採買Tips

在庫塔市區逛久了，看到的商品幾乎都差不多，就只差要先顧哪一家。一般市集攤販可採取以量制價的方式，議價空間會較大；而越後面的店家或靠近街尾的似乎也較好議價。百貨商場的商品，基本上不能殺價，只能比較哪一間的折扣較多，只要價格接近預算即可。另外，或許是因為庫塔市區租金較貴，商品價格也可能會比其他地區(例如烏布)來的高一些。

商家往往開出較高價格讓你殺價

藏身小街道的血拼地段

帕皮斯二街
Jl. Poppies Lane II

✉ Jl. Poppies Lane II, Kuta
🕐 店家普遍約10:00營業，21:00結束營業
➡ Beachwalk Shopping Center後方
⏳ 1.5 hr
🗺 P.56

▲街上販售的藝品

庫塔鬧區隨處皆是一條條熱鬧的逛街地段，帕皮斯二街也是其中之一。從Beachwalk Shopping Center後方綿延到雷根大街上，大約600公尺長的街道，聚集了一般市集攤販，販售海灘服飾、藝品、飾品與包包等批發商品，較少國際品牌。喜愛逛街熱鬧的遊客，可在逛完前方的大型商場後，沿著帕皮斯二街，邊走邊逛到雷根大街。

小型逛街市集

地下市集
Kutabex Market

✉ Jl. Pantai Kuta No.9, Kuta
🕐 店家普遍約09:00營業，22:00結束營業
➡ 庫塔海灘大街Jl.Pantai Kuta與帕皮斯一街(Jl. Poppies Lane I)路口交接處
⏳ 0.5 hr
🗺 P.56

如果極愛逛街，或是想要發掘更多逛街的去處，就可到地下市集尋寶，離庫塔海邊與Beachwalk Shopping Center都不遠。地下市集位在地下一樓，沒有特別留意看，很可能就會擦身而過。外觀裝潢特殊，一樓空間是其他餐廳與商店，而下方市集，大致上有10幾間店家，以服飾、生活飾品、紀念品與明信片等為主。部分服飾店家有提供試穿試戴，不過建議確定有興趣買時再試穿和詢價。

帕皮斯二街街景

地下市集入口

爆炸紀念碑外觀醒目

記錄峇里島的過去

爆炸紀念碑
Bali Bombing Memorial

📧 Jl. Legian No.38, Kuta
➡️ Jl. Legian和Jl. Legian Gg Troppozone
交接處
⏳ 0.5 hr
MAP P.56

▲紀念碑上方記載著罹難者的名字

　　雷根大街上有一座紀念碑，是
為哀悼過去發生的一起恐怖攻擊
事件而建立的，現今成為庫塔地
區的景點之一。白天經過紀念碑
時，主體白色非常顯眼，晚上則
會開啟燈光，增添不同的風貌。

紀念碑前方延伸一塊小廣場，因
為空間不小，常常聚集人潮，有
人拍照合影，有人等著叫計程
車，尤其到了夜晚，由於靠近夜
店區，不少人會在此徘迴。

知識充電站

爆炸紀念碑的由來

西元2002年10月，峇里島發生恐怖攻
擊，被襲擊的爆炸地點，位在雷根大
街上，當時死傷慘重，共有202人不
幸身亡，大部分為外地遊客，其中包
含一名台灣遊客。攻擊事件結束後，
當地政府將發生爆炸的地方，設立紀
念碑，以紀念喪命的民眾。

紀念碑位於庫塔夜間最熱鬧的區域

照片提供／Segara Asian Grill

庫塔夜生活

當太陽下山夜幕低垂，約莫19:00開始，庫塔區的夜間娛樂紛紛出籠，氣氛熱鬧的夜店酒吧，很難不讓人注意，尤其是雷根大街(Jl. Legian，見庫塔地圖)附近，店家們聲光大開，還有熱情員工，站在門口發著宣傳單，招攬客人上門。有些酒吧推出飲酒優惠，有些提供舞池讓人盡興跳舞，有一些則是強打今日DJ。

▼各家餐廳不定期舉辦表演(照片提供／Oceans27)

▲點上一杯飲品放鬆心情

此外，庫塔的夜生活也非只有夜店、酒吧的選擇，餐廳會貼出公告，主打不同的活動，一樣是從19:00或20:00開始，一些餐廳會有駐唱歌手，走抒情曲風，讓人能夠悠閒自在的聊天聚餐；也有餐廳提供文化類表演，以傳統舞蹈居多，讓用餐時，也能滿足視覺的饗宴。

庫塔的夜晚動靜皆宜，想要熱鬧，可到雷根大街上晃一圈；想找個寧靜的地方，海邊方向有不少的情調餐廳。此外，記得自身安全，太晚了就別在外逗留，飲酒也請注意自身的酒量。

▲許多餐廳在夜間亮起浪漫的燈光(照片提供／Segara Asian Grill)

逛 街 購 物

印尼老字號商場
太陽百貨
Matahari
Department Store

✉ Jl. Ciung Wanara No.1, Kuta
📞 0361 757 588
🕐 10:00～22:00
➡ 位在庫塔廣場
⏳ 1 hr
http www.matahari.co.id
MAP P.56

　　太陽百貨(Matahari)為印尼常見的百貨商場,而峇里島的其中一間就坐落於庫塔廣場,屬於當地老字號的商場,位置便利,定期會推出優惠方案。規模較小,以國內商品為大宗,包含男女服飾、配件與用品等。一樓除了門口的精緻飾品區外,也有峇里島常見的紀念品。百貨一樓後方有家Foodmart Gourmet超市,雖然商品數量不及大賣場,但物品的選擇仍是多元,大家常買的伴手禮或紀念品,像是咖啡、辣椒醬、餅乾與罐裝飲料等,在此應可找到。若最後一天投宿於庫塔,可作為旅途的最終購物站,來此挖寶。

紀念品多元豐富

POLO衫常被推薦為必買商品

功能齊全
發現百貨
Discovery
Shopping Mall

✉ Jl. Kartika Plaza, Kuta
📞 0361 755 522
🕐 10:00～22:00
➡ 與伴手禮店面Wake Bali Art Market於同一條路上
⏳ 1 hr
http www.discoveryshoppingmall.com
MAP P.56

　　發現百貨一邊面對熱鬧大街,另一側則位在海灘旁,因此成為遊客水上活動告一段落後,休憩的絕佳去處。百貨樓層主要為地下一樓與地面一、二樓,商場主要是SOGO與CENTRO,印尼知名的高價位蠟染服飾Batik Keris也在此設有分店。一樓兩側集結各式餐廳,除了當地餐點外,也有漢堡王、肯德基與披薩店,咖啡廳則有星巴克與J.Co等。發現百貨也有換匯與按摩的店家,可說是個功能齊全的百貨商場。

新潮現代的購物中心

Beachwalk Shopping Center

- ✉ Jl. Pantai Kuta, Kuta
- ☎ 0361 846 4888
- ⏰ 週日～四10:30～22:30；週五～六10:00～午夜
- ➡ 位在庫塔海灘大街路上
- ⏳ 2 hr
- http beachwalkbali.com
- MAP P.56

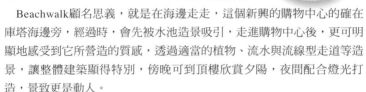

▶購買護膚產品建議在大型商場較有保障

　　Beachwalk顧名思義，就是在海邊走走，這個新興的購物中心的確在庫塔海邊旁，經過時，會先被水池造景吸引，走進購物中心後，更可明顯地感受到它所營造的質感，透過適當的植物、流水與流線型走道等造景，讓整體建築顯得特別，傍晚可到頂樓欣賞夕陽，夜間配合燈光打造，景致更是動人。

　　整座購物中心內有精品商店進駐，如知名品牌如ZARA、GAP、L'OCCITANE與LEGO等；而餐廳從高價位到平價美食街都有，滿足不同消費族群，異國料理也不少，可見到台灣的點心與飲料店。

　　三個樓層各自有特色，一樓除咖啡店與餐廳外，購物中心的中央，有個小型舞台，定期舉辦活動；二樓有座電影院，而觀看購物中心景致的花園也在此；三樓集結許多美食，是一條小型美食街，有不少經典印尼傳統料理。整個商場提供休閒娛樂、用餐與逛街購物的功能，加上庫塔海灘就在前方，便利性十足。

晚上商場定期舉辦表演活動

從二樓俯瞰購物中心，會發現商場對於造景頗為用心

DFS入口外觀

DFS專櫃皆有標示中文

國際品牌居多
T Galleria DFS

📧 Jl. Bypass Ngurah Rai, Kuta
📞 0361 761 945
🕙 10:00～22:00
➡ 大都搭乘計程車前往，DFS距離庫塔
　鬧區車程約10～15分鐘。若搭乘Kura-
　kura觀光巴士是在DFS總站下車
⏰ 2 hr
🌐 www.dfs.com/en/tgalleria-bali
🗺 P.56

　　這是許多旅行社會安排團客前往的百貨商場。主要為兩層樓，商品集中在一樓，以國際品牌居多，走精品路線，琳瑯滿目的選擇與優惠，從化妝品、保養品、服飾、穿戴物品等，也有販售伴手禮與紀念品，大部分商品會清楚標示價格，看板上有中文字。一部分服務人員可用基本的中文對話，因此在此購物溝通較不成問題。

旅行小抄

Mal Bali Galeria

這間商場在DFS的另一側，團客較少，商場提供餐廳、商店、超市與電影院。餐廳集中在一樓，印尼著名的J.Co與Excelso兩家咖啡店也進駐於此。商店的部分，Charles & Keith、Quiksilver、Nike、POLO等位在一樓，二樓有Matahari商場與超市Hypermart。

Matahari進駐Mal Bali Galeria

Mal Bali Galeria內部中心

Kuta

逛完DFS再到Mal Bali Galeria走走

跟包車司機說要到Mal Bali Galeria時，司機似懂非懂，補充提到在DFS附近，瞬間知道要怎麼去。其實兩家購物中心距離不過步行3~5分鐘，不知道如何前往另一棟時，可問工作人員。兩間提供的服務不太一樣，DFS感覺是單純為購物而去，二樓雖有餐廳，但較貴一些；相對的，Mal Bali Galeria有許多平價餐廳，不想花太多錢在吃上面，就可到這裡覓食。

Mal Bali Galeria美食街異國料理多

紀念品五花八門
Wake Bali Art Market

📧 Jl. Kartika No.9, Kuta或Jl. Dewi Sartika, Kuta
🕙 10:00~21:00 (淡旺季會調整)
➡️ 與發現百貨同一條路，步行約5分鐘
⏳ 0.5 hr
🗺️ P.56

靠近發現百貨的Wake Bali藝品店，由於周遭餐廳與商家不少，加上店面屬於半開放式的設計，所有展售商品直接印入眼簾，因此總有人佇足於此。藝品店裡販售常見的紀念品，價格標示在商品上，各區塊依照不同屬性分門別類，木雕與石雕等雕刻品一區、護膚保養與精油等商品一區，生活用品一區等以此類推，

▲部分商品已包裝完成，可直接送禮

讓逛的人可以清楚找到想要的商品。店內更有部分商品已經包裝完成，也有組合

▲不少紀念品值得帶回家

商品，像是精油、蠟燭、精油台組成一包，此類商品不須再自行包裝，直接買回家就可送禮。

Wake Bali店內分類清楚，商品豐富

可愛精巧的紀念品吸引目光

知名蠟染品牌
Batik Keris

- ✉ Jl. Kartika Plaza, Kuta (發現百貨內)
- ⏰ 10:00～21:00
- ➡ 位於發現百貨內(見P.66)
- ⏳ 0.5 hr
- http www.batikkeris.co.id
- MAP P.56

　　Batik Keris是印尼蠟染服飾的知名品牌，屬於中高價位，在印尼眾多城市總會看到幾家，大都位於百貨公司內。服飾特色在於質料觸感舒適，不易掉色，在店中挑選時能夠試穿。Batik Keris定期會更新款式，配合時尚流行的元素做調整，每一種款式通常會有2～3種顏色，尺寸大小標示在衣服上。另外也販售蠟染系列的相關產品，如扇子、手帕、帽子、包包等，價格一樣屬於中高價位。

◀Batik Keris為蠟染服飾的大品牌

Batik Keris內部環境

Batik Keris的蠟染圖案與色彩多元

超市與大賣場

Foodmart Gourmet

- ⏰ 10:00～21:00
- ➡ 位在庫塔廣場，Matahari太陽百貨一樓 (見P.66)
- ⏳ 0.5 hr
- MAP P.56

　　超市出入口有二，一邊從太陽百貨一樓進入，另一邊在Jl.Tegal Wangi上。規模不大，商品的牌子也無賣場來的多樣化，但生鮮水果、乾貨零食，民生用品等基本的商品齊全。也有紀念品與伴手禮區，加上離庫塔市區近，不少人會來購物。

一些商品的包裝精緻適合送禮

Foodmart Gourmet空間不大但物品齊全

常被推薦的伴手禮與點心，在Foodmart Gourmet大都可找到

Kuta

Hypermart

✉ Jl. By Pass Ngurah Rai, Kuta
🕐 10:00～21:00
➡ 在Mal Bali Galeria二樓(見P.68)
⧗ 0.5hr
http www.hypermart.co.id
MAP P.56

▶Hypermart賣場
英文字H是顯眼商標

Hypermart商品排列整齊

屬中型規模的連鎖賣場，通常進駐於百貨商場內。峇里島的Hypermart位於Mal Bali Galeria，商品與其他賣場無異，而賣場的環境不錯，除了擺設整齊，也講求環境整潔，較不會聞到生鮮肉品的氣味，且空間不擁擠，逛起來較舒適。

超市與大賣場

Giant

✉ Jl. Patih Jelantik, Kuta (Jl.Raya Kuta旁)
🕐 10:00～21:00
➡ Kuta Central Park附近
⧗ 0.5 hr
⁉ 距離庫塔市區有段距離，建議搭計程車前往
MAP P.56

　　印尼數一數二的大型賣場，是當地人常逛的連鎖店，定期推出優惠，尤其在年節時期，有許多超值折扣。商品品牌多樣，可發現許多與台灣不同的當地小零嘴、點心、飲品、蔬菜水果及香料等，能感受到在地氣氛。

Giant賣場擁有許多在地的小零食

Giant商品價格實惠

賣場入口

71

特色餐飲

氛圍不賴的印尼菜餐廳
Gabah Indonesian Cuisine

- ✉ Jl. Bakung Sari, Kuta
- ☎ 0361 751 864
- ⏱ 11:00～22:00
- 💲 每人約Rp.15萬元起
- ➡ 靠近庫塔廣場
- http rama-restaurants-bali.com/gabah
- MAP P.56

位於度假村Ramayana一樓的附設餐廳，早晨供應住宿者的早餐，午餐與晚餐時段則開放一般人用餐。Gabah在印尼語是指還未脫去殼的米粒，因此在餐桌上可見精巧可愛的稻草盆栽，而一旁種植著一小排的稻米，也符合Gabah的意境。半露天式的餐廳，位在大馬路轉角，座位不少，空間寬廣，非常適合聊天聚餐。特定的晚上有提供表演活動，像是音樂演奏、傳統舞蹈表演等。

Gabah餐廳餐點以印尼菜為主，提供多種必吃的傳統菜肴，

Balinese Royal Kingdom 分量大且豐盛壯觀

如沙嗲、炸鴨餐、蕉葉烤魚等料理。菜單十分貼心的提供英文與圖片做參考，並會在名稱旁標記辣度，提醒不吃辣的客人。與普通餐館不同，Gabah餐廳特別講究在食物顏色上的搭配，呈現出來的餐點，不但味道可口，並且擺盤美觀，分量足夠，造就許多遊客前來覓食。在眾多餐點中，若想感受皇家級的菜色，推薦餐廳的Balinese Royal Kingdom，完完整整地呈現出豐富與奢華的饗宴，一次大啖各種印尼菜肴，不過價格不太便宜，且分量大，適合多人分享。

服務人員態度親切
※此頁照片提供／Ramayana Resort

食物與擺盤都令人食指大動的炸鴨餐

Kuta

72

中式料理的好選擇
Segara Asian Grill

- ✉ Jl. Kartika Plaza, Kuta
- 📞 0361 769 755
- 🕙 10:00～00:00
- 💲 每人Rp.10～15萬
- ➡ 位在發現百貨內(見P.66)
- 🌐 segaraasian.com
- ⁉ 發現百貨有兩間Segara餐廳，Segara Asian Grill以亞洲美食為主，Segara Seafood & Indonesian Restaurant主打印尼當地菜
- 🗺 P.56

燒烤料理也是餐廳的主打

中式餐選擇不少

位在海邊的發現百貨，擁有不少值得一探的海景餐廳，Segara Asian Grill即為百貨裡的餐廳之一，主打亞洲美食與燒烤料理，供應港式點心、烤鴨、叉燒、麵食等，可做為旅途中尋覓中式料理的選擇名單。解嘴饞的點心飲品和特調的消暑飲料，也深受不少遊客青睞。

餐廳環境主打海洋悠閒慵懶的風格，氛圍輕鬆。室外有座面對著海洋的露天游泳池，帶有延伸海洋元素的造景，大熱天時常吸引用餐者一同泡水享樂。用餐者也能坐在露天座位眺望遼闊的海洋，推薦可於下午黃昏時分來，點一份小點心與飲料，感受日落前的暖黃色海景。

餐廳室內擺設了木色系列餐桌椅，寬敞明亮，較靠近戶外的位置，仍可欣賞到一些海上風光。晚上Segara Asian Grill可出租作為婚禮或活動地點，若你來此用餐發現裝飾得極其美麗，可能是即將要舉辦活動了。

※此頁照片提供／Segara Asian Grill

▼室內用餐環境舒適　▲特調飲料

印尼咖啡代表品牌
EXCELSO

- ✉ Jl. By Pass Ngurah Rai, Simpang Dewa Ruci, Kuta
- ⏰ 10:00～21:00
- 💲 咖啡一杯約Rp.4萬5千元起
- ➡ 位在Mal Bali Galeria一樓(見P.68)
- http P.56

咖啡為EXCELSO
的招牌飲品

印尼知名咖啡品牌，除了咖啡包販售於一般超市與大賣場外，也打造了專屬的咖啡館，分店遍布於印尼，以咖啡與飲品為主角，提供各式經典咖啡，隨著季節不同也會推出創意特調，像是加入芒果、酪梨等。咖啡館也供應多種餐點，包含飽足的主餐以及解嘴饞的點心，從沙拉、湯品、義大利麵到蛋糕、麵包與炸物，選擇豐富，一樣會定期更新菜色，因此生意大都不錯，尤其在下午茶時段也很熱門。

EXCELSO的咖啡包，在自家咖啡館也有販售，細心提供咖啡豆與咖啡粉兩種款式，商品約略可分為10種，有Arabica、Robusta、Sumatera Mandheling及Jamaican Blue Mountain等，還有峇里島知名的麝香貓咖啡，每一種咖啡的資訊、烘焙程度等，清楚標示在包裝上，包裝質感佳，是送禮的好選擇。

菜單大都有圖案可供參考

EXCELSO的分店遍布印尼

盛裝特調飲品的玻璃杯

餐點分量充足

炸鴨餐與烤豬飯的奧祕

玩家交流

炸鴨餐(又稱髒鴨餐)與烤豬飯是旅遊峇里島必嘗的道地美食,既然是當地的傳統美食,風味自然就會與台灣習慣的口味不同,受國人喜愛的程度見仁見智,建議可先多人點一份,小試口味,若能接受再加點。這兩道餐點在餐廳、攤販小吃,都可以看見,然而真正道地的髒鴨餐炸鴨,有些人可能會覺得肉質稍微乾;而烤豬飯的味道,也隨各家祕方調配不同有所差異,有些特別辣,有些則會加入血腸。總之,既然來到了峇里島,不妨敞開心胸嘗鮮試試吧。

特推炸鴨餐
Bebek Tepi Sawah

✉ Jl. Pantai Kuta, Kuta, Beachwalk Shopping Center 3F

📞 0361 846 4888

🕐 店家約11:00開始營業,23:00結束營業

💲 每人約Rp.7萬元起

➡ 位在Beachwalk Shopping Center內部(見P.67)

http www.bebektepisawahrestaurant.com

MAP P.56

位於Beachwalk Shopping Center的餐廳Bebek Tepi Sawah,提供多種傳統峇里島風味餐,其中鴨肉料理為餐廳主打,推薦可嘗試島上特色餐點炸鴨餐,酥炸程度,連骨頭都是脆的,口感特別,附上的特製辣醬,每種辣醬搭配鴨肉皆能產生不一樣的滋味。Bebek Tepi Sawah用餐環境優,尤其是戶外露天的用餐區,沒下雨、氣溫又涼爽的日子,坐在這裡可遠眺庫塔海景,相當愜意。

▲花生醬沙拉Gado Gado,可試著請服務人員將花生醬另外裝,自己調整加入的量

▲炸鴨餐的骨頭炸至脆口,再搭配不同的特製辣醬,會產生不一樣的滋味

旅行小抄

Beachwalk Shopping Center美食街

Beachwalk Shopping Center商場,是峇里島新興的百貨商場。若是對於商場內的大型餐廳較不感興趣,不妨前往它的美食街「Eat & Eat」,這是印尼知名的美食市集,聚集了許多小型餐館與小吃店,種類多樣,價格也比餐廳來的便宜。

室外用餐區可欣賞庫塔海景

半開放式的義大利餐廳
Bella Italia

✉ Jl. Sriwijaya No.368, Kuta
📞 0361 758 354
🕐 09:00～00:00
💲 每人約Rp.6～8萬元起
➡ 位於Grandmas Plus Hotel Legian飯店旁
🗺 P.56

　　位於雷根路上的Bella Italia是一間環境宜人的義大利料理餐廳，半開放式的轉角設計，吸引兩條街上穿梭的遊客們。主打義大利麵與披薩，另有前菜、湯品、沙拉、甜點等多樣精緻選擇。義大利麵除了常見的基本醬汁口味，也有素食選擇，價格不算太過昂貴。座位緊鄰馬路，白天採光良好，很適合點杯飲料坐下來看一本書，或稍作休息；夜晚燈光溫馨，適合聊天聚餐，小酌一杯。

▲餐廳位在馬路轉角位置

▲義大利千層麵為主打餐點之一

※以上照片提供／Grandmas Plus Hotel Legian

海景餐廳
Oceans 27 Beach Club and Grill

✉ Jl. Kartika Plaza, Kuta
📞 0361 765 027
🕐 10:00～00:00
💲 每人約Rp.10～15萬元起
➡ 位在發現百貨內
http oceans27.net/o27
🗺 P.56

　　讓視線隨著海面延伸，同時享受美食帶來的滿足感，似乎是來到峇里島一定要經歷的用餐體驗。Oceans27餐廳，從名稱就可猜到位在海邊，附設游泳池，讓用餐者玩水，消消暑之餘，更可讓視野望向前方波光粼粼的海面上，聽著浪花的一波一波節奏，似乎可讓心情變得更加悠閒愉悅。餐廳獨特之處是擁有小水池座位，可一邊用餐一邊把雙腳泡在水裡，頗富創意。餐點以當地菜和西式料理為主，也提供特調飲料。夜間會舉辦不同的表演，為喜好夜生活的遊客，提供了一個好去處。

1.特調飲料定期提供優惠(照片提供／Oceans27) 2.小水池座位可以泡腳 3.適合來此享用夕陽晚餐

來支優格霜淇淋
Sour Sally 私房推薦

- ✉ Jl. Legian No.350, Kuta
- 🕐 11:00～21:00
- 💲 每人約Rp.4萬元起
- ➡ 在雷根大街上
- http www.soursally.co.id/#3
- MAP P.56

▼Sour Sally店面外觀　　▲配料豐富多元

天氣熱時總會激發享用冰涼食物的欲望。庫塔的路上有不少間冰淇淋或霜淇淋店，其中強調低卡路里的Sour Sally為優格霜淇淋，吃起來較無負擔。店內提供黑白兩種顏色的優格霜淇淋，白色為一般優格，黑色則以添加活性碳作為特色，點餐走客製化路線，從決定要黑或白霜淇淋、甜筒還是杯子、大小以及搭配的佐料，分得非常仔細，若擔心不知如何點餐，除了請問店員外，也可參考一旁的步驟告示板。

甜甜圈種類多樣
J.Co

- ✉ Jl. By Pass Ngurah Rai, Simpang Dewa Ruci, Kuta
- 🕐 10:00～21:00
- 💲 咖啡約Rp.3萬元起
- ➡ 位在Mal Bali Galeria一樓(見P.68)
- MAP P.56

J.Co於峇里島上有許多分店，其中一間位於Mal Bali Galeria，提供飲品以咖啡為主，如濃縮咖啡、美式、卡布奇諾、冰沙等。點心有甜甜圈、三明治、漢堡與霜淇淋，甜甜圈是J.Co長期販售的產品，從常見的糖霜甜甜圈，到巧克力、草莓和花生醬等款式多樣。J.CRONUT也是咖啡廳的特色點心，三層的甜甜圈中間夾入各種不同的醬料，香草、提拉米蘇和巧克力等，搭配咖啡最適合不過。

J.Co甜甜圈種類多元，搭配優惠方案更划算

旅行小抄

冰飲去冰，分量會變少

在峇里島喝冰飲時，可要求少冰或去冰。不過要求飲料去冰時，要有心理準備有時飲料不會完全裝滿，筆者就曾在印尼其他城市遇過這樣的情況，向店員詢問為何沒有裝滿，只得到沒有加冰塊就是七八分滿的回覆，只好就此作罷。

SPA推薦

創意療程獨具特色
DaLa Spa

- ✉ Jl. Legian No.123B, Kuta
- ☎ 0361 756 276
- ⏰ 09:00～22:00
- 💲 基本全身按摩1 hr約Rp.45萬元起
- ➡ 位於雷根大街Villa de daun內部
- 🌐 dalaspa.com
- ❓ 建議提前預約，需於預約時間提前15分鐘前抵達。
- 🗺 P.56

DaLa在梵語裡為葉子的意思，代表著生命的循環和養分的來源。DaLa Spa以全面且優質服務為宗旨，讓顧客體驗完整的護膚與療程，達到放鬆心靈且保養肌膚的效果。含雙人房、單人房和足部護理區，不論是房型、擺設、備品、護膚產品等，皆是走高級路線。

服務項目除按摩、去角質、護膚、泡澡外，還有一些創意療程，像是檀香木按摩、皇家療程(將傳統爪哇皇家Spa療法，轉為現代作法)和高山茶療程等。

1. 館內重視環境的擺設質感 2.皇家療程使用多種花瓣 3.各式房型打造十分奢華
(照片提供／Villa de daun)

峇里島Spa

峇里島的Spa價格與國內相比實在親民。相同的時數與服務,往往是國內的半價甚至以下。而峇里島的按摩與國內的按法也有些不同,只有親身體驗方能體會其中滋味。

峇里島各家Spa館的品質不一,可先透過價格來區分品質,建議各位可鎖定中等或中高價位,其特徵是環境不會太差,每一間按摩房隔間清楚,隔音良好,價格也合理。雖然沒有高價品牌的奢華享受,但與一般更加普通Spa館比較起來,服務品質仍具一定水準。在路上尋找時,可先參觀環境、留意衛生程度,覺得不錯再入內體驗。

使用澳洲有機精油

Yes Spa

 私房推薦

- ✉ Jl. Legian No.360, Kuta (Google Map 為369號,但店家網站與名片皆為360號)
- 📞 0813 3881 9800
- 🕐 09:00～22:00
- 💲 基本全身按摩1 hr約Rp.9萬元起
- ➡ 靠近Grandmas Plus Hotel Legian飯店
- http www.yesspabali.com
- ⁉ 建議提前預約
- MAP P.56

Yes Spa在雷根大街上的店面,外觀明亮簡潔,室內採用大空間挑高設計,服務人員的態度也很親切,是間整體一致的Spa館,讓人不免認為收費昂貴,然而看到價格時,會令人感到驚豔,以如此環境和氛圍來說,算是划算的中低價位。服務項目包含身體、臉部與指甲美容等,可單點也可組合成套裝,其中身體項目,除了全身按摩、去角質、敷膜與泡澡之外,可先與服務人員溝通按摩的部位,也能針對特定部位加強,彈性高。

房間分為單人房與雙人房,空間不擁擠,以獨立式的房間為主,非一般簾子或木板隔間,因此隔音效果不錯。Yes Spa強調使用澳洲有機精油,在按摩之前,可選擇精油氣味,感覺不錯的話,店面也有販售相關產品。

提供指甲美容

房間空間隱密

試試阿育吠陀印度療法
Spa Bali

- ✉ Jl. Legian, Kuta
- ☎ 0851 0056 7111
- ⏰ 10:00～22:00
- 💲 基本型全身按摩1 hr約Rp.11萬元起
- ➡ 靠近Grandmas Plus Hotel Legian飯店
- http www.spabali.asia/kuta.php
- ⁉ 需要提前預約
- MAP P.56

峇里島上知名的Spa館，庫塔、水明漾以及烏布等皆有分店，水明漾分店是空間最大的館，不過由於庫塔分店位於雷根大街的

店內使用的精油與材料

1.3. Spa Bali提供特殊療法 **2.**水明漾館為最大分店 (照片提供／Spa Bali)

3

Legian Paradiso Hotel附近，因此前往的顧客也不亞於水明漾分店。儘管是平日，幾乎也會客滿，因此記得預約，直接到店內碰運氣的話，可能要等上一段時間。

店內裝潢別致，門口一進去即為櫃檯，若有不懂的特色項目，服務人員會細心介紹，按摩種類主要分為峇里島式、熱石和Ayurveda三種，其中Ayurveda又被稱為阿育吠陀，是來自印度的一種療法，將草藥做成油進行療程，館內並結合滴油的方式進行，十分特殊，感興趣者可前往嘗試。

若決定來此光顧，不妨透過網路預約，留下簡單基本資料與要體驗的項目，即可完成預約。另一方面，需特別留意館內欲維繫服務品質，於網站上以及宣傳摺頁中皆有告知在體驗時，請降低音量，並將手機轉為震動，以避免吵到其他顧客。

提供全身與腳底按摩
Rehat Massage & Reflexology

私房推薦

- ✉ Jl. Sriwijaya No.369, Kuta
- ☎ 0361 751 215
- ⏰ 09:00～21:00
- 💲 基本全身按摩1 hr約Rp.12萬元起
- ➡ 位在Grandmas Plus Hotel Legian旁邊，雷根大街這一側
- MAP P.56

　　Rehat Spa招牌簡單，店門窄，容易錯過，可以先以Grandmas Hotel為目標，會比較容易找到。地下一樓是按摩區，燈光微弱，按摩時不會刺眼。隔間清楚，由於環境靜謐，讓人不自覺會降低音量，享受片刻寧靜。館內以按摩為主，提供全身按摩與腳底按摩的選擇，也可針對身體特定部分作加強，彈性空間大。

服務人員十分熱心
(照片提供／Grandmas Plus Hotel Legian)

館內大廳與等候區
(照片提供／Grandmas Plus Hotel Legian)

房間擺設保留峇里島元素
(照片提供／Ramayana Resort)

在度假村紓壓
Rama Spa

- ✉ Jl. Bakung Sari, Kuta
- ☎ 0361 751 864
- ⏰ 08:00～22:00
- 💲 基本型全身按摩1hr約Rp.34萬元起
- ➡ 位於度假村Ramayana Resort內
- ❓ 需提前預約
- MAP P.56

館內提供多元服務項目 (照片提供／Ramayana Resort)

　　Rama Spa館位於度假村中，提供雙人房、單人房以及足部護理區，服務方案多元，包含按摩、敷膜、去角質、泡澡等，亦有一些特殊療程，如熱石療法、水晶療法與印度Shirodara滴油療法等。提供針對加強肩頸按摩的半小時短版方案，適合不是過度疲累，只想純放鬆的人。館內風格典雅沉穩，空間寬廣，不會過度昏暗，房間裝潢保留部分峇里島傳統元素，如雕刻、竹製家具、蠟染浴袍、床套等，不失當地色彩。

足部護理紓緩腿部肌肉
(照片提供／Ramayana Resort)

雷根 Legian·水明漾 Seminyak 日落大道 Sunset Road

概 況 導 覽

▲當地婦女常用頭頂著籃子

不少人來到峇里島的第一天晚上與最後幾天，都會選擇在熱鬧的庫塔區度過，而雷根、水明漾與日落大道屬於其周圍地段，各有特色，也有不少景點與購物選擇。

沿著庫塔區繼續往北，會進入雷根區，由於與庫塔區的距離不遠，所以該區的氣氛依舊是熱鬧的，猶如庫塔區的延伸，尤其是Melasti大街，沿途的店家不亞於庫塔大街。而雷根海灘充滿講究氛圍的情調餐廳，很適合情侶或夫妻約會談心。

持續往北前進，水明漾區的商店偏向高質感的精品式店面，也有許多創意小店，夜晚的人潮無庫塔區多，較為寧靜，不少遊客選擇在水明漾區投宿，白天再搭計程車到庫塔區玩。

日落大道區其實是庫塔區的外圍地段，寬廣綿長的雙向道路，雖說店家密集度不高，但仍有一些知名的餐廳、飯店與商家，值得一探。如日落大道上的Krisna，是大型的紀念品店，紀念品與伴手禮應有盡有。倘若時間足夠，或是從中部回到南部時，可以到這些地區走走，增添旅程的豐富度。

一日遊時間安排

3D夢想多維博物館	2 hr
Krisna購物	2 hr
水明漾廣場	1 hr
水明漾大街	1 hr
星星超市	1 hr
海邊餐廳用餐	2 hr

Legian·Seminyak·Sunset Road

水明漾KAIANA的熱石療法
(照片提供／KAIANA)

羽漾Black Canyon Coffee的可口佳餚

雷根海灘。有些沙灘躺椅要消費才能使用

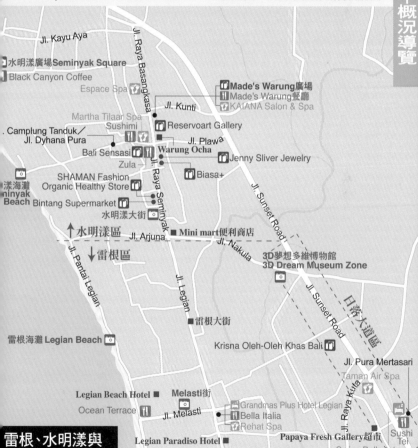

Jl. Kayu Aya

水明漾廣場Seminyak Square
Black Canyon Coffee

Espace Spa

Jl. Raya Basangkasa

Made's Warung廣場
Made's Warung餐廳
KAIANA Salon & Spa

Jl. Kunti

Martha Tilaar Spa
Sushimi

Reservoart Gallery

Camplung Tanduk／
Jl. Dyhana Pura

Bali Sensasi

Jl. Plawa

Zula

Warung Ocha

Jenny Sliver Jewelry

SHAMAN Fashion
Organic Healthy Store

Biasa+

漾海灘
minyak
Beach Bintang Supermarket

Jl. Raya Seminyak

水明漾大街

水明漾區

Jl. Arjuna

Mini mart便利商店

雷根區

Jl. Nakula

Jl. Sunset Road

3D夢想多維博物館
3D Dream Museum Zone

Jl. Pantai Legian

Jl. Legian

Jl. Sunset Road

日落大道區

雷根大街

雷根海灘 Legian Beach

Krisna Oleh-Oleh Khas Bali

Jl. Pura Mertasari

Taman Air Spa

Jl. Raya Kuta

Legian Beach Hotel

Melasti街

Grandmas Plus Hotel Legian

Ocean Terrace

Jl. Melasti

Bella Italia

Rehat Spa

Sushi
Tei

Legian Paradiso Hotel

Papaya Fresh Gallery超市

Swiss-Belhotel
Rainforest

雷根、水明漾與
日落大道地圖

悠閒欣賞海景

雷根海灘
Legian Beach

- ✉ Jl. Pantai Legian, Legian, Kuta
- ➡ 從Melasti往海灘方向走
- ⏱ 0.5 hr
- ⁉ 許多沙灘躺椅要消費才能使用,建議可先詢問,或是席地而坐
- MAP P.83

各式水上活動齊聚一堂

旅行小抄

雷根海灘問路訣竅

雷根海灘是庫塔海灘的延伸,如果問當地人或司機Legian Beach在哪,有時他們會認為你問的是庫塔海灘。要到雷根區的海灘,不妨先到Melasti街靠近海灘的街底,或是以Legian Beach Hotel為目標,較易找尋,從那往後延伸的海灘,即為雷根海灘。

與南邊的庫塔海灘相比,雷根海灘人潮依然不少,不過較不擁擠,攤販也較少。衝浪玩水、從事海灘運動與曬日光浴看書的遊客依舊,動態與靜態的活動持續上演。海灘旁的餐廳與酒吧,價格雖高了一些,但環境佳,很適合情侶或蜜月的遊客來此共享甜蜜的一餐,也可沿著海灘漫步,活動活動筋骨,感受周遭氣氛。

小市集與餐廳的另類選擇

Melasti街
Jl.Melasti

- ✉ Jl. Melasti, Legian, Kuta
- 🕐 店家普遍約10:00開始營業,21:00後結束營業
- ➡ 雷根路上的Grandmas Plus Hotel Legian飯店門口對面那一條街,為Melastir街
- ⏱ 1.5 hr
- MAP P.83

Melasti街與雷根大街交錯,可直接通往雷根海攤,商家密集度高,也有很多餐廳,大都從早上開始供應早餐,直到宵夜。靠近雷根大街此側的Melasti街,聚集出一條小小的紀念品區,有不少可以挖寶的店,議價機會也大。若投宿的飯店位在雷根或是水明漾,不想要跑到庫塔市區,可來此逛街購物。

▲購買紀念品先確認是否有瑕

Melasti 街上有不少攤位

沉浸於眼睛的錯覺中

DMZ內每一幅圖都算是大型畫作，幾乎一張圖就占了一面牆的空間，而且圖案越大效果越明顯，彷彿人真的會進入畫中情境般。整座博物館的圖畫數量，比想像中多元，拍著拍著漸漸出現意想不到的合影方式，古靈精怪的動作開始上演，搞笑畫面不斷衍生。如此的3D博物館，擁有它獨特的魅力，也成為旅遊峇里島的一大趣味回憶。

與圖畫趣味互動

3D夢想多維博物館
3D Dream Museum Zone

- ✉ Jl. Nakula No.33X, Legian, Kuta
- ☎ 0361 849 6220
- ◷ 09:00～22:00
- 💲 每人門票約Rp.10萬元或10美元
- ➡ 位在日落大道與Nakula路口
- ⧗ 2 hr
- http dmzbali.com/eng
- ⁉ 進入博物館需將鞋子脫掉，請記得拿鞋子的寄物證明牌
- MAP P.83

夢想多維博物館，英文簡稱為DMZ，是一個展示3D圖畫的博物館，由峇里島與南韓知名多維藝術團隊合作，透過精準的比例與專業的畫工，造就出精巧的藝術結晶，讓每幅圖畫產生意想不到的視覺效果。

跳脫以往的平面圖畫，參觀者可進入畫中，與圖畫互動。館內

主要有14個主題，超過100件作品集結於館中，埃及沙漠景色、海底世界、野生動物與侏儸紀等主題，更有世界名畫系列，讓名畫中角色也變為3D的效果，與合影者產生互動感。當然，館內也少不了結合峇里島特色風俗景觀的3D作品。

拍照時，不用擔心找不到好的角度，每個圖案的下方，都有個相機的圓圈圖案，意指最佳取景角度，站在圖案下方，較能拍出立體效果，服務人員也會指導，甚至會親身站在圖中，示範動作與姿勢。喜好3D立體感圖畫的遊客，可來比較比較與其他地方的3D效果有何差異；也很適合親子旅遊。

夢想博物館外觀

知名畫作透過創意被幽默化

Kura-Kura Bus 觀光巴士

📧 Jl. Bypass Ngurah Rai, Kuta (總站地址，位於T Galleria DFS)

🌐 kura2bus.com

⁉️ 搭乘前請上網確認是否有異動

苔里島於2014年推出觀光巴士Kura-Kura，Kura-Kura在印尼文為烏龜的意思，因此，在島上南部會看到黃綠色交雜、上有烏龜圖案的巴士在路上穿梭。主要路線以庫塔、雷根與水明漾為主，最遠可至烏布市區。

收費簡單，單程不分距離，價格皆相同，因此有時會比搭計程車來的便宜，然而遇到塞車時段，雖然搭乘觀光巴士的收費一樣不變，但由於巴士走的是固定路線，無法繞路而行，進而影響巴士的行駛與進站時間，若是趕時間的人，建議巔峰時段改搭乘計程車，離峰時段搭觀光巴士較為適宜。無論如何，觀光巴士對遊客而言，是一個新的交通選擇，了解相關資訊，將可助你搭乘時更加順利！

路線與費率

Kura-Kura巴士的路線主要分為8條，有一些站是兩條路線交疊的，下車後可轉搭另外一條路線，但需額外收費。每個路線的行駛方向固定，特別注意地圖中各個路線的箭頭方向與數字，為巴士的行駛方向。路線費率方面，各條路線費率不同，有固定的單程票價。

路線	收費	路線	收費
庫塔Kuta	Rp.2萬元	沙努Sanur	Rp.5萬元
雷根Legian	Rp.2萬元	努沙杜瓦Nusa Dua	Rp.5萬元
水明漾Seminyak	Rp.2萬元	南努沙杜瓦South Nusa Dua	暫停營業
金巴蘭Jimbaran	Rp.5萬元	烏布Ubud	Rp.8萬元

※ 價格可能隨著淡旺季、政策等情況調整，最新資訊請參考官網　製表／陳怜朱

付費方式

Kura-Kura巴士外觀

- 搭車前要先付費，主要分為車票與日通卡兩種。然而，不是所有站都提供這兩種選擇，且部分站別沒有提供加值功能，建議先到網站上確認哪些站有提供服務。
- 車票的方式最為簡單，告知要搭乘的路線和目的地，上車投入即可，上方會標示價格。
- 日通卡分為3日和7日卡，如3日則為72小時內，可無限搭乘，其他天數以此類推。限單人使用，各條路線都能使用。

注意事項

- 確定上車地點後,先找站牌候車,站牌上方會標示烏龜圖案,下方有時刻表。
- 車子前方小螢幕顯示站別與到站名稱,也會廣播,聽到目的地後下車。
- 有時巴士是準時發車了,但鬧區附近的路線經常塞車,所以車子到站的時間,可能會有些出入。

特別留意車上禁止事項

路線	發車間隔	路線	發車間隔
庫塔Kuta	每20 min	沙努Sanur	每天發車兩次
雷根Legian	每35 min	努沙杜瓦Nusa Dua	每2 hr
水明漾Seminyak	每天發車兩次	南努沙杜瓦South Nusa Dua	暫停營運
金巴蘭Jimbaran	每2 hr	烏布Ubud	每1 hr

製表/陳怜朱

Kura-Kura巴士路線圖

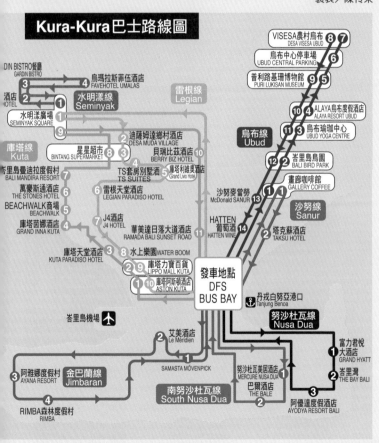

※ 南努沙杜瓦線暫停營運中,最新資訊請參考官網

87

水明漾海灘
Seminyak Beach

➡ Jl. Camplung Tanduk路走到底

⏳ 0.5 hr

⁉ 許多沙灘躺椅要消費才能使用，建議可先詢問，或是席地而坐

🗺 P.83

　　由於人潮大多在庫塔和雷根海灘，水明漾海灘的人群密集度相對低許多，而且早晨的水明漾海灘，更是寧靜，加上灘面平緩，吸引愛好運動的人們。若想要靜靜地欣賞日落，這裡也是不錯的選擇。海灘周圍除了餐廳、商店與酒吧外，也有不少飯店度假村，為高檔奢華路線的住宿選擇，有些會限制非房客不得自由進入，因此可別隨意入內參觀。

可自行帶墊子或薄毯鋪在海灘

旅行小抄

別忘了太陽眼鏡與防曬
由於海浪波光粼粼，加上太陽照射猛烈時，走在海灘會感到刺眼，建議各位可攜帶太陽眼鏡，以備不時之需，怕曬黑的人也要做好防曬工作。

個性商店齊聚

水明漾大街
Jl. Raya Seminyak

🕐 店家大約10:00營業，21:00陸續結束營業

➡ Jl. Legian路走到底，過Jl. Nakula路口，是水明漾大街

⏳ 1 hr

🗺 P.83

　　水明漾大街的店面不少是由設計師設計，看得出裝潢與陳設，多重視氛圍與質感，呈現出與庫塔大街及雷根大街不一樣的風格巧思。這些各具創意的小店店面，讓水明漾大街散發出一股精品風。服裝、飾品或包包以走時尚與獨特風格居多，較少大型批發商品。商品屬中、高價位以上，通常都已標示價格，是否有優惠也會明確標示，但議價的空間就相對較小。

▶水明漾大街的商店重視設計與巧思

水明漾廣場旁的藝術市集

廣場內的精品商店

吃逛兼具的小型商場

水明漾廣場
Seminyak Square

✉ Jl. Kayu Aya, Seminyak
📞 0361 732 106
🕐 10:00～22:00
➡ 門口有大型的水明漾廣場招牌
⏳ 1 hr
🌐 www.seminyaksquare.com
🗺 P.83

兩層樓高的水明漾廣場，是集結了多種類型店家的小型商場，主要有餐廳、咖啡廳、家飾店、運動用品與服飾店等。雖然規模沒有庫塔區百貨商場大，但若投宿於此，不想再舟車勞頓前往庫塔，就可來此用餐購物，尤其是大熱天中午豔陽高照時，躲進商場裡吹冷氣，也較舒適。不過投宿水明漾區的遊客，要特別留意自己的飯店位置，若是住在星星超市(Bintang Supermarket)附近，到水明漾廣場約3公里，步行要花約30～40分鐘，較不建議步行前往。

水明漾廣場一樓旁有個露天藝術市集，雖然攤位不多，仍可看到飾品、包包、海灘衣褲、拖鞋等一些穿戴的配件，因為攤位租金較店面低，所以議價的空間也比較大，通常可從開價的一半開始議價，當然購買數量越多，價格也越好談。若是庫塔與烏布還未滿足購物的需求，可以到廣場市集看看，記得備好現金。

廣場商家聚集

旅行小抄

免費明信片

走在峇里島路上，有時會看到類似展示明信片的柱子，上方的明信片大都是飯店、酒吧與商家提供，可免費拿取。明信片的圖樣多元，有島上風光、飯店介紹、酒吧剪影、時尚設計風格等。

89

慶典節日──涅比日與嘎倫甘
Nyepi & Galungan

🕐 慶典日期每年不一定,請上網確認
　當年度的日期

⁉️ 涅比日當天機場可能關閉,務必先
　行確認機場狀況

涅比日與嘎倫甘是峇里島非常重要的大日子,也是島上特別的文化慶典,其盛況用「普天同慶」來形容再適合不過了。涅比日普遍落於每年3或4月居多,而嘎倫甘會依照當地曆法安排,每年月份較不固定。若你喜歡體驗各國節慶風俗,不妨在規畫峇里島的旅程時,先確認當年度重要節日的時間,專程前來,應該能收獲不少。

▼一排竹竿點綴街道

嘎倫甘(Galungan)

若你在峇里島發現許多路段或是沿途出現一排美麗典雅的竹竿點綴,那可能是嘎倫甘與古寧甘(Kuningan)的日子又到了。這些竹竿稱為Penjor,是慶典的最佳意象,讓環境瀰漫傳統氛圍。嘎倫

▼峇里島過節環境特別不同
　(照片提供／小威的峇里島生活觀察)

居民到廟中虔誠拜拜

節日廟中充滿各式貢品

甘與古寧甘是不同天舉行，嘎倫甘是第一天，古寧甘是在十天後舉辦，此兩天最為熱鬧。當節日到來，居民忙進忙出，從家廟、村廟、母廟等，精心準備貢品拜拜，虔誠祈禱。居民也會透過節日，趁機拜訪親友，聯絡感情。

嘎倫甘與古寧甘的慶祝，大部分會在私人家廟或是村廟中舉行，反而遊客常去的知名神廟，相對比較不會有這麼多居民前往拜拜。因此，若是想觀賞或參與嘎倫甘與古寧甘，請務必先與廟方確認可否前往，對方同意才能進入，同時也確認進入廟中的服飾規定。一般而言，除了知名神廟會自行提供沙龍外，大部分的一般神廟，需要自己準備，甚至要穿上峇里島的傳統服飾，才能進廟。

涅比日(Nyepi Tahun Baru)

涅比日為峇里島印度教新年，加上峇里島居民大多數信仰印度教，因此特別重視涅比日。在涅比日的前一天，有個特殊且有趣的活動，稱為Ogoh-ogoh，主要由一群人扛著大型模型繞街遊行，隊伍中也包含舞蹈或傳統表演，可說是峇里島文化風俗的濃縮精華。這些模型出自各個社區的精心製作，每個都有不同的巧思，不過大都帶著可怕或邪惡的臉孔，趣味十足。涅比日當天又稱安寧日，顛覆對新年的想像，當天所有人暫停一切活動，商店不能營業，部分航班停駛，甚至機場關閉，讓居民充分享受沉靜的一天，因此遊客若在此時前來，請先做好準備，並確認機場狀況。

Ogoh-ogoh遊行的舞者賣力演出
(照片提供／小威的峇里島生活觀察)

Ogoh-ogoh活動熱鬧非凡
(照片提供／小威的峇里島生活觀察)

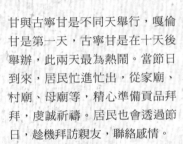

逛 街 購 物

展售亞洲藝術家作品
Reservoart Gallery

- ✉ Jl. Raya Seminyak No. 54-56, Seminyak
- 📞 0812 4658 4767
- 🕐 09:00～21:00
- ➡ 位在餐廳Warung Ocha附近
- ⏳ 0.5 hr
- http www.reservo-art.com/id
- ⁉ 請勿隨意碰觸畫作,若有興趣請告知服務人員
- MAP P.83

水明漾大街有不少展示畫作與藝術品的店面,Reservoart不管是外觀或店內,都容易引起注意,陳列了滿滿的畫作,等著感興趣的遊客入內欣賞。

Reservoart的成立,起源於店主人過去旅行時,見到許多藝術家創作的藝術品與畫作都十分優異,卻可惜沒有機會向世界展示,因此為了讓更多人注意到這些傑作,2002年於法國成立第一間藝廊,爾後開始拓展到各國,峇里島的分店最初於2008年成立,水明漾分店是在2010年成立。

▲藝術家N. Gail作品　▼藝術家Jakrit作品

藝廊內有超過30位藝術家的作品,每幅畫的真實性都有被藝廊檢驗。每位藝術家的風格都不相同,有風景、人物以及動植物寫生等,更有需要用心領悟的抽象畫作,逛上一圈能增廣見識。

所有的作品大都有標出價格,網路上也可查詢定價,若真的想要買畫,記得詢問服務人員如何包裝,以免在飛機上不小心受潮或受到破壞。

※此頁照片提供／Reservoart Gallery

◀Kayu Jati分店

Legian・Seminyak・Sunset Road

服飾色彩豐富
Bali Sensasi 👍私房推薦

- ✉ Jl. Diana Pura, Seminyak, Bali
- 🕐 10:00～21:00
- ➡ Jl. Diana Pura與Jl. Camplung Tanduk 連貫，Bali Sensasi位於餐廳Zula附近
- ⏳ 0.5 hr
- http www.balisensasi.com
- MAP P.83

▼服飾風格活潑

外觀繽紛活潑的 Bali Sensasi，店面空間雖然不大，但是商品精美，強調色彩多元化，十分鮮艷。服飾皆是出自峇里島手工製作，風格悠閒活潑，款式輕鬆舒適，適合在度假、較為隨意的場合穿，或是海邊玩水時，也很適合。也有鞋子、包包與飾品，對於喜愛色彩豐富服飾的人來說，Bali Sensasi 是 個 不 錯 的選擇。

◀包包設計繽紛

店內商品多元(照片提供／Bali Sensasi)

小型購物廣場
Made's Warung

- ✉ Jl. Raya Seminyak, Banjar Seminyak, Kuta
- 🕐 店家大約10:00營業，晚上21:00陸續結束營業
- ➡ 在水明漾大街上，看到Made's Warung 招牌，進入即為小商場
- ⏳ 1 hr
- MAP P.83

Made's Warung是峇里島知名餐廳，其中位在水明漾大街上的分店，不僅有餐廳，內部還有不少特色店家，彷彿是個小型購物商圈。廣場以平樓式的建築為主，保留島上傳統宅院風格，各家店面融入其中，沒有違和感。店面主要集中在一樓，像是Milo's服飾店是義大利設計師的設計服飾，indi vie則著重於生活用品，而Lotus Arts de Vivre是販售精美細緻的珠寶飾品。一樓舞台空間，晚上不定期有表演，此用餐可一睹精彩活動。二樓有KAIANA Spa館，環境不錯。

Made Manis提供巧克力與冰淇淋等甜點

indi vie販售的生活用品風格多變

93

星星超市
Bintang Supermarket

- ✉ Jl. Raya Seminyak No.17, Seminyak, Kuta
- 📞 0361 730 552
- 🕐 07:30～23:00
- ➡ 位於水明漾大街，從庫塔前往時，超市位於左手邊
- ⏳ 1 hr
- 🌐 bintangsupermarket.com
- ⁉ 超市裡面禁止拍照，若有拍照的必要，請先經過服務人員同意
- 🗺 P.83

星星超市偏向在地超市

的超級市場，在環境營造上，少了大型連鎖的制式氛圍，多了不少在地親切感，且時常有折扣優惠，當地人也常在此購物。超市裡有生鮮蔬果、日常用品，也有為遊客設計的紀念品。若投宿於水明漾，不妨到星星超市採買。

Bintang在印尼文為星星的意思，因此超市的商標是一個星

星星超市有許多當地零食

星圖案。位在水明漾的星星超市，易達性高，對投宿於此地的遊客而言，就多了一個超市的選擇，不用跑到庫塔區去購物。

星星超市屬於一般

旅行小抄

Bintang牌飲料

Bintang是印尼知名的飲料品牌，蠻多人在網路上推薦其啤酒，若是不愛喝啤酒的人，也可喝沒有酒精的飲品，別有一番風味。

宛如藝廊的服飾店
Biasa+

- ✉ Jl. Raya Seminyak No.34, Bali
- 📞 0361 730 766
- 🕐 09:00～21:00
- ➡ 從星星超市往水明漾方向北行約2分鐘，位於右手邊
- ⏳ 0.5 hr
- 🌐 biasagroup.com/plus
- 🗺 P.83

▲店面入口為一條長廊(照片提供／Biasa+)

Biasa+主張時尚、藝術與生活的結合，經過門口容易誤以為這裡是藝廊，讓購物者留下不一樣的第一印象。走進店內，也真是如此，不論是一或二樓，環境擺設瀰漫著藝術氛圍。而Biasa+的服飾，風格偏向率性直爽，線條俐落，沒有過多的花樣與色彩，以自然純色、色彩不強烈的服飾為主，除此之外，也有沙龍、圍巾、帽子與飾品等。

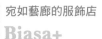

Biasa+ 店面具有時尚感

有機健康產品專賣店
SHAMAN Fashion
Organic Healthy Store

✉ Jl. Raya Seminyak No.17, Seminyak
☎ 0361 736 967
🕐 09:00～21:00
➡ 從P.94星星超市步行不需1分鐘
⏳ 0.5 hr
MAP P.83

SHAMAN店面

主打有機與健康商品的SHAMAN，在水明漾街上，算是少見的特色商店。販售商品陳列於牆櫃上，一目瞭然。食材部分，琳瑯滿目的香料包，成分清楚標示。峇里島的美味料理，就是透過大大小小的

▲店家提供特色蔬果香料

▲SHAMAN的果汁點心菜單

香料(香茅、薑黃與辣椒等)環環相扣，才能做出道地的佳餚，同時，商家也販售果汁與小點心，提供桌椅，讓人坐在櫥窗旁，休息片刻，欣賞來來往往的人群。

價格親民的銀飾店
Jenny Silver Jewelry

✉ Jl. Raya Seminyak No.36, Seminyak
☎ 0819 3437 5932
🕐 09:00～21:00
➡ 從P.94星星超市往水明漾方向北行約2分鐘，位於右手邊
⏳ 0.5 hr
⁉ 請勿擅自碰觸飾品，若想試戴先詢問服務人員
MAP P.83

飾品風格典雅大方

水明漾路上不乏銀飾珠寶店，從知名連鎖店到個人創立都有，價格高低不一。Jenny的裝潢精簡雅緻，沒有半點遮掩，大片的落地窗讓路過的遊客，可直接欣賞店中展示的精緻飾品；以木製桌櫃擺設各式各樣的

珠寶銀飾，更增添飾品溫度。

店家販售的飾品如耳環、戒指、項鍊、手環以及胸針等，大部分商品都有清楚標出價格，比較品質與價錢，算是親民。想要犒賞自己或送人當禮物，應該能在這裡挑到合適的禮物。

◀以木製桌櫃擺設飾品，簡單雅緻

伴手禮商場 私房推薦

Krisna Oleh-Oleh Khas Bali

✉ Jl. Sunset Road No. 88, Abian Base, Kuta
📞 0361 750 031
🕐 09:00～22:00
➡ 位在日落大道上
⏳ 2 hr
http www.krisnabali.co.id
MAP P.83

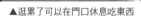

零食小吃包裝精美適合送禮　▲逛累了可以在門口休息吃東西

　　Krisna於峇里島其中一間店面坐落在日落大道上，招牌顯眼，入口旁寬廣的停車空間，足以顯示來此購物的顧客人數，由於伴手禮與紀念品，十分齊全，不少旅行社也會安排來此。

　　像是將各區市集街濃縮到這裡來，常見的紀念品在此幾乎都可搜尋到，產品分門別類整齊陳列，但也由於品項繁多，逛起來需特別用心，只怕自己的雙眼看個不夠仔細，

　　沒有看到目標。大部分的商品幾乎已包裝完好，甚至有商品漂漂亮亮包裝成一組，能夠作為送禮的選擇。

　　商場內主要分為三大區，生活用品區、服飾區與點心零食區，生活用品區涵蓋居家飾品、用品以及生活小物；服飾區除了販售衣褲外，島上知名的沙龍以及蠟染衣也有販售；點心零食區除了峇里島傳統點心外，一些印尼常見的小吃零食也有。逛累了可到門口處休息，商場提供公共座椅和小吃攤，讓人休息後再次開啟購物模式。

◀護膚產品是購買的熱門名單　　▼商場面積廣大商品眾多

特色餐飲

東南亞連鎖咖啡館
Black Canyon Coffee

- ✉ Jl. Kayu Aya, Seminyak
- 🕐 11:00～21:00
- 💲 每人平均Rp.6～10萬元
- ➡ 位在水明漾廣場1F
- ⏳ 1 hr
- 🗺 P.83

Black Canyon Coffee屬於東南亞連鎖咖啡館，泰國、馬來西亞以及印尼等國都有。位在水明漾廣場裡的分店內裝潢簡約，若看不懂印尼文或英文，不用太擔心，可參考菜單上的圖片。餐廳內的飲品選擇有咖啡、茶類、果汁與氣泡飲品，滿足不同喜好。餐點類似簡餐風格，有正餐也有小點心，集結泰式等各式料理，選擇豐富。

◀分量不大走精緻路線

水明漾分店內部裝潢簡約

▲餐廳Made's Warung位於廣場內

峇里島知名餐廳
Made's Warung

- ✉ Jl. Raya Seminyak, Banjar Seminyak, Kuta
- 📞 0361 732 130
- 🕐 10:00～23:00
- 💲 每人約Rp.6萬元起
- ➡ 位在水明漾大街上，招牌顯眼
- ⏳ 1 hr
- 🗺 P.83

Made's Warung於1969年開始營運，是峇里島的知名餐廳，水明漾店保留舊有的庭院風格建築，中間為半露天空間，用餐環境寬廣。提供當地傳統菜肴，擺盤講究，為因應外國遊客，亦提供異國餐點，不過最出名仍是當地菜，以沙嗲Sate、沙拉佐花生醬Gado-Gado、炒飯Nasi Goreng以及綜合飯Nasi Campur最為熱門。晚上不定期有表演，如傳統的峇里島舞蹈，也有現場樂團駐唱等，活動多元。

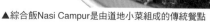

▲綜合飯Nasi Campur是由道地小菜組成的傳統餐點

97

雷根海灘優質餐廳
Ocean Terrace

✉ Jl. Melasti, Legian
🕐 11:00～21:00
💲 每人平均約Rp.10～20萬元起
➡ 從Melasti街走至雷根海灘後，位於右邊的一排餐廳之中
⏳ 2 hr
http www.legianbeachbali.com/143/ocean_terrace_restaurant
⁉ 是露天空間，有時蚊子會來糾纏，建議做好防蚊措施
MAP P.83

峇里島各個海灘，總會有幾家情調好、餐點品質佳的餐廳，而雷根海灘旁正是找尋優質餐廳的好去處。Ocean Terrace為飯店Legian Beach Hotel的附屬餐廳，一旁也有飯店其他的用餐選擇。鄰近海邊，若是靜下心，可以聽到海浪拍打聲，尤其是在夜晚人聲稀少時，更加明顯。

餐廳環境點綴精緻，透過紅色的桌布與遮傘，增添活潑氣息。餐點選擇多元，以多國料理為

主，價格屬中高價位。有英文菜單，寫出每道料理的主要食材。前菜、沙拉、主菜、點心等皆有提供，可依自己的喜好和食量點菜，無需照著順序點。每一道料理分量充足，肉類主餐也會搭配一些蔬菜，讓餐點的口感不會單調無味。晚上有樂團駐唱，演奏著慵懶悠閒的曲風，在此慢慢品味晚餐，再適合不過。

餐點精緻可口，味道不會過於強烈

餐廳入口

服務人員可用簡單的英文溝通

旅行小抄

找家優質餐廳犒賞自己

來到峇里島，一定要找機會享受餐廳的服務與音樂，一來犒賞自己，二來探究島上的餐廳水準。因為Ocean Terrace質感不錯，所以選擇了它。上菜速度頗快，最值得一提的蘑菇湯，外觀綠油油不出色，但口感細緻滑口，有著令人意想不到的濃郁。其他菜肴更不用多說，菜色別致，講究配色，調味也不會太重。建議小鳥胃的人，斟酌點菜，因為每一道菜的分量其實都不小喔。

想吃日式料理來這裡
Sushimi

👍 私房推薦

- ✉ Jl. Dhyana Pura 4x, Seminyak
- 📞 0361 737 816
- 🕐 11:30～23:30
- 💲 每人平均Rp.8～15萬元
- ➡ Jl. Dhyana Pura與Jl. Camplung Tanduk連貫，Sushimi位在餐廳Zula附近
- ⏳ 1 hr
- 🌐 www.sushimibali.com
- ⁉️ 峇里島的壽司米飯與台灣相比，酸味與甜味較不明顯
- 🗺 P.83

許多日式餐點可在Sushimi尋覓得到

一進入餐廳，壽司的旋轉吧檯立刻吸引目光，多元的壽司與小菜，在餐廳中不斷繞轉著。Sushimi的壽司加入創意，除了做出經典的日本壽司、手捲、握壽司等，其中特殊壽司，上方會塗上美乃滋的巧妙結合，讓壽司吃起來更為滑口。旋轉吧檯上的各個盤子，仔細看會發現底盤顏色有區分，不同顏色的底盤，代表著價格不同。餐廳雖然主打壽司，也提供麵類、燒烤、炸物等，讓不愛吃生冷食物的顧客，有熱食的選擇。

餐點大都現點現做

旋轉吧檯坐落於餐廳中

※此頁照片提供／Sushimi

健康蔬食
Zula 👍私房推薦

- ✉ Jl. Dyhana Pura No. 5, Seminyak
- ☎ 0361 732 723
- ⊙ 07:00～23:00
- 💲 每人約Rp.5萬元起
- ➡ Jl. Dyhana Pura與Jl. Camplung Tanduk連貫，靠近水明漾大街路口
- ⏳ 1 hr
- http www.zulabali.com
- MAP P.83

▲餐點好吃且美觀(照片提供／Zula)

　　追求健康飲食是Zula餐廳的理念，提供蔬食餐點與飲品，食材就地取材，以新鮮或有機為前提，適合喜好健康飲食與蔬食的遊客。餐廳小

巧溫馨，菜單包含正餐與點心，以西式料理沙拉、漢堡、三明治、煎餅等為主，另也提供印尼菜色。提供外帶與外送服務，也販售有機或天然健康商品，不妨在等待餐點時逛逛。

Zula外觀猶如鄉村可愛小屋

- -

東南亞連鎖日式料理店
Sushi Tei

- ✉ Jl. Sunset Road No. 99, Bali
- ☎ 0361 849 6495
- ⊙ 11:00～23:00
- 💲 每人平均價格約Rp.10～20萬元
- ➡ 靠近飯店Swiss-Belhotel Rainforest
- ⏳ 1 hr
- http www.sushitei.co.id
- ⁉ 建議先行預約
- MAP P.83

▲料理精緻可口

　　Sushi Tei 是印尼的連鎖日式料理餐廳，在雅加達、萬隆或其他大城都可看到蹤影。日落大道的Sushi Tei位在大馬路邊，但入口內凹，因此要仔細留意入口位置。餐點以單點居多，生魚片、壽司、咖哩飯、涼麵、烤物、炸物及點心皆有。屬中高價位，與在國內的高級日式餐廳價格不相上下，建議可多人前往，點多道菜一同分享。

▲味道很好的炸物

SPA推薦

提供傳統皇家Lulur療程

KAIANA Salon & Spa

- ✉ Jl. Raya Seminyak, Seminyak, Kuta
- ☎ 0361 730 562
- ⏰ 10:00～22:00
- 💲 基本全身按摩1 hr約Rp.30萬
- ➡ 位在Made's Warung小商場2F
- 🔲 依體驗項目而定
- 🌐 www.kaianaspa.com
- ⁉ 需提前預約
- MAP P.83

熱石療法透過溫熱的石頭促使身體暖和
(照片提供／KAIANA)

▲館內走純白色系(照片提供／KAIANA)

　　KAIANA位於Made's Warung小商場，是眾多遊客享受Spa的方便選擇。不論是大廳、商標或是房型等，整體一致的純白色系，帶給人明亮潔淨的質感，更散發素雅高貴的氣息。各式各樣的產品陳列於大廳，讓顧客了解館內所使用的產品來源。服務項目以按摩與指甲美容為主，基本的熱石、精油按摩與腳底按摩之外，更提供知名的傳統皇家Lulur療程，讓肌膚從裡到外得到保養。

　　最貼心的是，針對不同的對象有不一樣的客製化體驗。若是懷孕婦女，可配合專門的按摩技巧以及特殊的精油，得到紓緩與放鬆。館內提供5間Spa房間以及腳底按摩區，其中Spa房型包含三間雙人房以及兩間單人房，房間數量不多，控制來客人數，以免影響員工的用心與服務。強烈建議要先預約，以免白跑一趟。

接待人員親和力十足

館內使用的商品清楚陳列

環境清悠，房間各自獨立 🖐私房推薦

Taman Air Spa

✉ Jl. Sunset Road No.88, Kuta

📞 0361 894 7300

🕐 09:00～23:00

💲 全身按摩2 hr約Rp.70萬元(項目以2 hr 居多)

➡ 靠近飯店Swiss-Belhotel Rainforest

🌐 www.tamanairspa.com

⁉ 務必提前預約。通常兩人以上可提供接送，但要提前告知

🗺 P.83

Taman Air造景頗為講究

▲泡澡浴缸可產生氣泡，具有水療效果

　　位於日落大道上的Taman Air，是一間環境與造景講究的Spa館，大廳寬廣，等候空間布置精心，讓人不會感到狹隘。兩排按摩房間外的造景，以竹子為主體，打造一個圓柱體，再以水池與植物做陪襯，宛如別致的竹林園，環境清幽寧靜。

　　房間皆為獨立隔間，注重隱私。服務項目大多以2小時套裝式為主，包括峇里島式、熱石、雙人四手聯彈等。喜歡泡澡的遊客，不妨嘗試敷膜療程，在敷膜之後，會讓顧客先行沖澡再泡澡。浴缸大小適宜，採光良好，還可產生氣泡，享受泡澡樂趣，同時達到水療的效果。

　　值得一提的是，Taman Air Spa館經常接待許多華人遊客，所以櫃檯通常會有一位能以基本中文講解的員工，方便溝通。

旅行小抄

請旅行社代訂

如果以個人名義直接跟Spa店家預訂體驗，優惠空間可能不大，建議可試試與旅行社接洽，大部分旅行社擁有固定合作的Spa館，有時拿到的優惠非常划算。

附有按摩指導課程
Espace Spa

✉ Jl. Raya Seminyak,Br. Basangkasa No. 3B
📞 0361 730 828
🕐 09:00～21:00
💲 全身按摩1 hr約Rp.25～30萬元
➡ 位在餐廳Made's Warung附近(見P.93)
🌐 espacespabali.com
⁉ 最後預約時間20:00
🗺 P.83

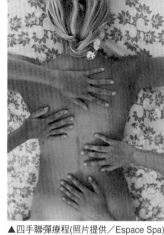

Espace Spa館是一間以白色為主調的
建築，採用大片落地窗，營造乾淨明
亮的風格。時間若是足夠，可以考慮　▲四手聯彈療程(照片提供／Espace Spa)
享受3小時的套裝方案，價格划算；也有提供10分鐘的快速按摩方案，
讓顧客稍作片刻休息。

若想親身學習如何按摩，Spa館也有開設按摩課程，教導如何針對不
同部位，達到不一樣的按壓效果。若是兩個人一起學習，店家會派出指
導人員，從中教導；如果你只有一個人，店家也會提供自家的服務人
員，讓你練習操作。

含桑拿與水療池等設備
Martha Tilaar Spa

✉ Jl. Camplung Tanduk No. 5A, Seminyak
📞 0361 731 648
🕐 09:00～21:00
💲 基本全身按摩1 hr約Rp.40萬元
➡ Jl. Camplung Tanduk與Jl. Dyhana Pura連貫，
　餐廳Zula附近
⧗ 依體驗項目而定
🌐 www.easterngardenspa.com
⁉ 建議提前預約
🗺 P.83

館內提供多元房型，裝潢用心

空間挑高的寬闊水療池

屬於中高價位的Martha Tilaar，全名為Eastern
Garden Martha Tilaar Spa，由印尼人Martha Tilaar
創立。從大廳走入會先看到一座坐落在館內正中
央、中型的水療池，天花板採用挑高設計，顧客
浸泡於水療池時，視野更加寬廣。服務項目除基
本按摩外，還有敷膜、去角質，臉部護理與指甲
美容，服務人員特別推薦套餐式的項目，價格較
優惠，也可全面護理。館內透過多種設備與產品
來提升服務品質，如水療池、桑拿及海底泥等。
房間重視私人隱私，隔間清楚，各房間風格不
同，在印度式的房型裡按摩，還會點上薰香。

登巴薩Denpasar、金巴蘭Jimbaran 烏魯瓦圖Uluwatu

概 況 導 覽

　　南部除了庫塔、雷根與水明漾外，有些距離較遠的景點是需要搭車前往的，但仍值得一探究竟。登巴薩位於庫塔北邊，擁有博物館、藝術中心等藝文景點，一年一度的藝術節，也是在此舉辦。金巴蘭是近期興起的地區，靠近峇里島機場，庫塔往南的方向，附近的住宿大都屬於奢華型的別墅與飯店，而海灘旁的海鮮餐廳更是讓金巴蘭出名的原因之一。從金巴蘭往南，會來到烏魯瓦圖，這裡有佇立在懸崖邊的烏魯瓦圖神廟，附近有許多調皮的猴子，還有西南部的坦拉那海神廟，都是知名且具特色的神廟。

島上處處可見雕像

其他南部景區綜合地圖

- 海神廟 Pura Tanah Lot
- 登巴薩 Denpasar
- ■ 登巴薩東邊
- 金巴蘭Jimbaran
- 烏魯瓦圖 Uluwatu
- GWK文化公園 Garuda Wisnu Kencana Cultural Park

一日遊時間安排

Bali Bidadari Batik蠟染店 UC Silver銀飾工廠	1 hr
峇里島博物館	1.5 hr
GWK文化公園	1 hr
烏魯瓦圖神廟或海神廟	2 hr
Jimbaran Corner Mall百貨	1 hr
金巴蘭海灘享用海鮮餐	2 hr

- Single Fin
- Jl. Mamo
- Blue Point Bay Vil
- Jl. Labuan Sa
- Jl. Pantai Sculpad
- Jl. Raya Uluwatu Pecatu
- 烏魯瓦圖神廟 Pura Luhur Uluwatu
- 烏魯瓦圖地

Denpasar・Jimbaran・Uluwatu

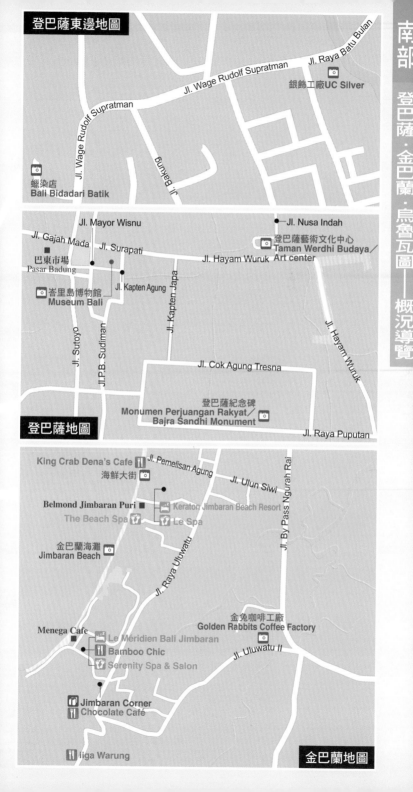

登巴薩東邊地圖

Jl. Raya Batu Bulan

Jl. Wage Rudolf Supratman

銀飾工廠UC Silver

Jl. Wage Rudolf Supratman

Jl. Bakung

蠟染店
Bali Bidadari Batik

登巴薩地圖

Jl. Mayor Wisnu

Jl. Nusa Indah

Jl. Gajah Mada

Jl. Surapati

登巴薩藝術文化中心
Taman Werdhi Budaya／
Art center

巴東市場
Pasar Badung

Jl. Hayam Wuruk

Jl. Kapten Agung

峇里島博物館
Museum Bali

Jl. Kapten Japa

Jl. Sutoyo

Jl.P.B. Sudiman

Jl. Cok Agung Tresna

Jl. Hayam Wuruk

登巴薩紀念碑
Monumen Perjuangan Rakyat／
Bajra Sandhi Monument

Jl. Raya Puputan

金巴蘭地圖

King Crab Dena's Cafe

Jl. Pemelisan Agung

海鮮大街

Jl. Ulun Siwi

Belmond Jimbaran Puri

Keraton Jimbaran Beach Resort

The Beach Spa

Le Spa

金巴蘭海灘
Jimbaran Beach

Jl. Raya Uluwatu

Jl. By Pass Ngurah Rai

金兔咖啡工廠
Golden Rabbits Coffee Factory

Menega Cafe

Le Méridien Bali Jimbaran

Bamboo Chic

Jl. Uluwatu II

Serenity Spa & Salon

Jimbaran Corner
Chocolate Café

Iiga Warung

漲潮退潮兩樣風光

海神廟
Pura Tanah Lot

- ✉ Jl. Tanah Lot, Beraban, Kediri, Kabupaten Tabanan (遊客中心入口)
- ☎ 0361 880 361
- 🕐 07:00～19:00
- 💲 大人門票每人Rp.6萬元；小孩Rp.3萬元
- ⏱ 1.5 hr
- ⁉ 不可擅自進入海神廟中；漲潮時也請在岸上欣賞，注意自身安全
- MAP P.104

海神廟是峇里島知名的神廟之一，神廟坐落在海岸邊的一塊岩石上，漲潮退潮各有不同風貌。漲潮時，雖然無法近距離觀賞，但眺望著海神廟，與聆聽海浪拍打帶來的自然節奏，也不失為一種享受。退潮時，前往神廟的陸地，漸漸地出現在眼前，除了可靠近欣賞神廟，也可蹲下觀察潮間生態，踏踏海水，消暑降溫，不過請別抓小小生物、撿貝殼，讓周遭保持原貌。

神廟下方有處泉水，是特色之一，當看到人群在神廟下排隊時，就是開放給遊客接觸泉水的時間，可用泉水洗洗手與臉，祭司也會協助沾米粒與聖水在臉上，有興趣可以體驗。若喜愛海邊黃昏的景致，不妨17:30之前來到現場，選個絕佳的位置坐定後，將視線移到海神廟與海浪間，欣賞落日餘暉的美妙變化。

另一方面，從遊客中心入口處走至海神廟時，沿途街道都是商店，讓單調的海神廟路途，變得豐富。商店街以紀念品店居多，服飾、太陽眼鏡、帽子、明信片等，商家議價彈性大。

知識充電站

海神廟傳說

相傳約在15世紀，一位祭司來到此地，看見海上這塊美麗的岩石，認為此塊岩石是神聖的，並且適合朝拜神祇，建議村人建立寺廟，保佑峇里島的人民。當地人相信，在海神廟下的泉水之處，有海蛇守護著神廟，也同時守護島上人民。

海神廟退潮景色

▲廣場的紀念碑為最顯眼之處

古色古香的地標
登巴薩紀念碑
Monumen Perjuangan Rakyat Bali

✉ Jl. Raya Puputan No. 142, Panjer, Denpasar
☎ 0361 264 517
🕐 週一～五08:30～16:30；週六、日09:00 ～16:30 (國定假日休息)
💲 門票Rp.2萬5千元
⏳ 1 hr
MAP P.105

Monumen Perjuangan Rakyat紀念碑為登巴薩的景點之一，也有人稱為Bajra Sandhi Monument，其外觀高聳雄偉，遠遠就能看到。紀念碑建立於1987年，直到2003年開始開放參觀。廣場主要由庭園造景與紀念碑組成，由於占地廣大，因此假日成為當地人休閒遊憩的地方，更有新婚夫妻來此拍攝婚紗。

紀念碑裡分為三層樓，一樓主要為資訊台，中間的旋轉樓梯吸引目光，古色古香又典雅，是通往其他樓層的主要通道；二樓為小型博物館，透過櫥窗裡的人物模型，展示島上歷史事件，雖然為靜態模型，但相較於文字，更為生動，讓遊客快速了解峇里島的歷史大事件；三樓作為觀景處，可遠眺登巴薩景致，四面環繞著大片的窗戶，不管朝哪個方向，皆能清楚且直接地俯瞰。

紀念碑經常成為校外教學的地點

螺旋式的樓梯十分特別

107

深入了解島上歷史

峇里島博物館
Museum Bali

▲館內珍藏各式文物

✉ Jl. Mayor Wisnu No.1, Denpasar
☎ 0361 222 680
🕐 每日08:00～16:00(週五為08:30～12:30)；國定假日休息
💲 國外遊客大人Rp.2萬元，小孩Rp.1萬元
⏳ 1.5 hr
⁉️ 若不需要解說要直接拒絕門外私人解說員，不然結束後會被索取費用
🗺 P.105

博物館充滿著傳統文化的氣息，不論是圍牆、雕像、善惡門、造景和建築本身，都擁有著濃厚的峇里島風情，因此有不少的新婚夫妻會選擇穿上傳統服飾在此拍攝婚紗照，遊客也可把握機會欣賞各對新人的穿著與打扮。

博物館的文物展示，分布於館內的4座房屋中，每一座房屋都是不同的傳統屋型。最靠近門口的東方建築，為兩層樓建築，一樓主要介紹島上的史前遺跡，整齊陳列各式出土文物，二樓為工藝品與農業器具區，展示島上過去的專業技術與農業發展；Buleleng建築裡以中國錢幣的介紹為主，述說中國文化進入峇里島的年代，並擺出各種使用錢幣製作的藝品；Karangasem建築則陳列著與Cili相關的文物與介紹；位在館內最後一棟的Tabanan建築，保存著島上代表民俗風情的文物，其中以聖劍Keris居多。對於峇里島歷史文感興趣的人，不妨透過博物館珍藏的文物，更加了解當地的過去。

旅行小抄

留意自薦的收費解說員

位在博物館門口或售票口，有時會出現一些熱心的「自黏」型解說員，這些解說員基本上不是館內志工，大都是外來的，通常也不會詢問需不需要解說，就自顧自地開始介紹，可能會讓人誤會是免費的，但最後他會跟你收費，且價格不便宜。為了避免這種情況，建議一開始先詢問清楚，可以接受價格再請他解說。

靠近門口的東方建築，內有史前遺跡、工藝品與農業器具區

登巴薩藝術文化中心與峇里島藝術節
Taman Werdhi Budaya Art Center & Bali Art Festival

✉ Jl. Nusa Indah No.1, Panjer, Denpasar Tim (登巴薩藝術文化中心 Taman Werdhi Budaya Art Center內)

🕐 每年6月初～7月初10:00～22:00；表定為週一～六，但有時週日也有活動

💲 免費

⏳ 2～3 hr

⁉ 每年的活動內容、時間與舞台名稱等，都可能調整，建議先於網路搜尋或於現場門口確認各個活動資訊

MAP P.105

登巴薩藝術文化中心

位在登巴薩的藝術文化中心，平日是個環境漂亮，充滿傳統氣息的地方，內部有一些商家，販售紀念品與服飾，也有小吃店家。中心的最大特色，是擁有5～6座多元的表演舞台，主要分為露天、半露天與室內，且文化中心空間廣大，每個舞台之間的距離剛好，較無擁擠感，因此成為各個單位主辦活動的合適地點，其中包括一年一度的峇里島藝術節。

峇里島藝術節

峇里島藝術節每年從6月初開始為期一個月，不但宣揚當地的文化特色，也增加遊客來此遊玩的動機。每當藝術節開始，文化中心門口就會掛出一長排的竹竿裝飾，並會在公布欄一一列上所

文化中心造景傳統，富有意境

有的活動資訊。若想要收藏表演手冊，或是更清楚瞭解每天的活動，也可向資訊台查詢。

　　遊客可以從每日的活動，舞蹈、樂器表演、競賽等進一步了解當地的民俗風情，而活動表演者由學校、社團或是社區等組成，帶來不同的精心演出。由於藝術節是一整天的活動，所以各種小吃攤也聚集於此，到了晚上有如夜市般熱鬧，食物以當地菜居多，沙嗲、烤豬肉飯、綜合菜飯等，價格也不會太貴。

◄小吃攤所販售的美食

藝術節表演活動時段

　　活動時間從早到晚，然而並非任何時間舞台上都會有表演，大部分的表演活動集中在4個時段：11:00、14:00、17:00、20:00。特別注意每一時段的表演活動可能不只一場，有時同時段會有2場表演，而一場演出也可能組合多種舞蹈，建議先研究表演內容，再決定要看哪一場。

知 識 充 電 站

峇里島烏庫曆

烏庫曆(Wuku)是峇里島的傳統曆法，7天為1烏庫，30個烏庫為一循環，因此共有210天，與常用的西洋曆365天截然不同。烏庫曆與島上的重要活動息息相關，包括農作物種植、舉辦神廟慶典、出生典禮等，皆透過烏庫曆的推算，決定各種活動的時間。

◄藝術節活動看板
▼Joged Bumbung Dance吸引大批民眾觀賞

值得一看的峇里島藝術節

舉辦了30幾屆的藝術節，是島上的重要活動。於白天觀看峇里島藝術節表演，舞者的一舉一動，可以精確印入腦海中，享受更好的視覺饗宴。記得要提前入場，尤其是假日，不然人擠人，恐怕會看不到。整個藝術節活動十分精采，不過較可惜的是網路資訊不多，大都僅提供活動地址與開放時間，沒有列出各天的表演項目，而前往現場時，舞台位置的指引不顯眼，標示大都在舞台附近而已，最好提前來此尋找舞台地點。藝術節人潮中，幾乎都以當地人為主，外國遊客較少，希望未來能有更多遊客發現藝術節的美好。

Taruna Jaya Dance重視默契

特色表演介紹

藝術節每日的表演各具特色，更可看到較不常見的演出，其中以傳統舞蹈搭配島上獨特的樂器合奏的表演，最扣人心弦。以下是藝術節活動一些經典表演。

• Joged Bumbung Dance

大都由2～3人演出，屬於趣味性舞蹈，演出者會進行互動，主要有一位女性穿著亮麗，在台上翩翩起舞，而男性隨後加入共舞，通常此男性不是非常專業的舞者，他會運用誇張的表情及動作，表達喜怒哀樂等情感，逗趣十足，是當地調劑身心的經典表演。

• Taruna Jaya Dance

此種舞蹈的舞者會在舞台四周舞動穿梭，重視與樂者間的配合，每個動作必須合拍。扇子是表演的道具，透過轉動扇子，增加舞蹈的豐富度。舞者頭部扭動並將雙眼撐大，視線時常往兩旁看，肢體動作繁複，節奏步調快；雙人演出時更重視兩人的默契，所有動作需一致。常見遊客聚精會神地欣賞。

• Gambuh Dance

歷史悠久的峇里島舞蹈之一，舞者穿著華麗，演出時姿態優雅，由其中一人為主，一旁幾人為輔，重視全身與手指的轉動，動作細膩，讓人印象十分深刻。這個表演使用的演奏樂器以長形的竹笛為主，笛聲柔和優美，為特色之一。

Gambuh Dance華麗優雅

Bali Bidadari Batik蠟染店

- ✉ Jl. Raya Supratman No. 23 Tohpati, Denpasar（Google Map寫No. 343，但店家給的地址是23號）
- ☎ 0361 462 798
- ⏱ 09:00～18:00
- ➡ 從庫塔市區朝登巴薩東北方前進(車程約45分鐘)，靠近巴杜布蘭區
- ⧗ 1 hr
- ⁉ 有會說中文的導覽人員
- 🗺 P.105

Bidadari Batik是一間販售蠟染商品的知名店家，其附近大都是相同屬性的店家，因此此區又被稱為蠟染村。商家的寬闊亭子下，坐著一群婦人，正在布上畫著

蠟染，讓遊客欣賞，同時了解蠟染衣的製作過程，而婦人使用的蠟染汁液，主要為咖啡色，現場

▲決定好圖案即開始畫上蠟染

也可替遊客在衣服上描繪圖案。房屋的內部擁有各種蠟染相關的商品，蠟染服飾、帽子、包包、手帕等，另外也販售沙龍，並示範沙龍有哪些穿法。由於此地以團客居多，自行前往的遊客若需要導覽，可詢問現場的服務人員。

旅行小抄

帶著自己的白色衣服

來到峇里島若決定來此逛逛，可帶著自己的白色或淺色衣服，請亭子裡的婦人們在上方畫畫，要畫什麼圖案可自己決定，或參考婦人前方布上的圖案。服務費用約為Rp.1～2萬元，視圖案大小而定。

UC Silver銀飾工廠

- ✉ Jl. Raya Batubulan Gg. Candrametu No. 2, Batubulan Gianyar (靠近登巴薩區)
- ☎ 0361 461 511
- ⏱ 08:00～19:00
- ➡ 從庫塔市區朝登巴薩方向前進(車程約45分鐘)，靠近巴杜布蘭區
- ⧗ 1 hr
- 🌐 ucsilverbali.com
- ⁉ 銀飾加工區裡，製作過程會有刺鼻異味，若有不適請勿逗留，可到戶外空間休息
- 🗺 P.105

此間銀飾工廠，類似觀光工廠，外觀圍牆打造精緻迷人的白色雕像，路過此地時實在很難不被吸引。工廠分為兩大區塊，一邊為加工區，另一邊則販售銀飾珠寶等相關商品。導覽人員普遍先指引遊客到加工區，加工區是個小型工廠，開放給遊客觀賞銀飾加工的過程，拋光、塑形、裁切與設計等，皆可在此看見。商品區營造得有如展覽館，陳列擺設頗具質感，商品本身更是閃閃動人，手鍊、項鍊、耳環等提供的款式多元豐富。

此門通往珠寶展示區

▲海鮮餐廳下午紛紛擺出海灘座位　　　　　　▼海鮮套餐

大啖海鮮享黃昏
金巴蘭海灘
Jimbaran Beach

⏳ 1 hr
⁉️ 勿隨意使用海灘上的座椅
MAP P.105

　　金巴蘭海灘是近期興起的海灘之一，由於附近充滿著不少奢華飯店與Villa，加上人潮不像庫塔區擁擠，不少遊客選擇在此投宿一兩晚，享受度假的清閒時光。白天從海灘看向機場，視線良好可遠眺飛機起降，晚上則聆聽海浪拍打的聲音，各家飯店點起燈光，讓海灘籠罩著一股浪漫的氛圍。

　　海灘上的人潮，大都集中在海灘前後段，也就是海鮮大街附近。順應金巴蘭海灘而生的海鮮大街，主打海鮮餐廳，主要分為兩區，一區集中於飯店Le Méridien附近，另一區集中於度假村Keraton附近，後者的海

鮮餐廳數量較多，若是投宿金巴蘭海灘的飯店，不妨選一天在此用餐。海鮮大街的各間餐廳展示現撈海鮮，吸引顧客上門，其實每一家的套餐或快炒價格都不會差太多，更有不少海產店會擺出情人座位，讓情侶享用海鮮大餐。網路上也有不少網友提供資訊給大家，推薦某些海鮮餐廳，不過建議各位到現場後，先跟店家索取菜單看看，比較一下，以免價格落差過大。

◀海灘的烤玉米生意始終不錯

GWK文化公園
Garuda Wisnu Kencana Cultural Park

- ✉ Jl. Raya Uluwatu, Ungasan, Kuta Selatan, Badung
- ☎ 0361 700 808
- ◷ 08:00～22:00
- 💲 門票Rp.10萬元
- ⧖ 1 hr
- http www.gwkbali.com
- ⁉ 遊園車通常湊滿人數才會出發，若不想等太久可步行到園區，從停車場前往園區入口約5分鐘不到
- MAP P.104

GWK文化公園的代表意向是園內一座壯麗的神鷹大型雕像(Garuda)，一些明信片也會以神鷹雕像作為主角，因此有人稱文化公園為神鷹廣場。神鷹前方的視野遼闊，廣場兩側聳立著20幾塊石牆，作為廣場分隔區域的牆面，高聳的外觀相當令人震撼，若近距離抬頭望著石牆，會感覺彷彿來到電影《移動迷宮》(The Maze Runner)的場景般，非常有趣。

公園內的另一座知名雕像是毗濕奴(Wisnu)雕像。毗濕奴雕像所在位置較高，前方的景色與神鷹雕像那側完全不同，可以眺望峇里島南部的海景與山景，視野良

▲毗濕奴雕像

好，令人心曠神怡。文化公園每天皆有傳統表演與室內劇場，大都以10:00為首場，各有不同的時段，因此前去時，不妨先確認當天的表演時間，再去參觀雕像。

▲神鷹雕像
▼透過人與石塊的比例了解文化公園的壯麗

Denpasar・Jimbaran・Uluwatu

懸崖上的雄偉神廟

烏魯瓦圖神廟
Pura Luhur Uluwatu

- Pura Luhur Uluwatu
- 09:00～19:00
- 外國遊客大人Rp.3萬元，小孩Rp.2萬元
- 2 hr
- 售票處提供沙龍，需圍沙龍進入
- P.104

位在南部的烏魯瓦圖神廟，是峇里島知名神廟之一，因為神廟佇立於懸崖峭壁旁，因此又稱為懸崖神廟。神廟有條步道，沿著步道遠眺神廟時，神廟下方的海浪拍打在岩壁上，激起白白浪花，添加神廟的美麗。猴子是神

▲神廟內的大型雕像

廟的固定夥伴，聚集於神廟周圍，尤其是入口處最多，猴子雖然可愛，但有時候會搶遊客的物品，有戴眼鏡與帽子的人也要特別注意，避免餵食猴子，以免引來一群而無法招架。此外，烏魯瓦圖神廟景觀壯麗，也是觀賞日落的好去處，日落時間約在18:00～18:30，記得提前到此。

神廟的步道可眺望懸崖與海岸

神廟景色壯觀

115

金兔咖啡工廠
Golden Rabbits Coffee Factory

- ✉ Jl. Uluwatu II No.88, Jimbaran
- ☎ 0361 847 1958
- ⏰ 09:00～18:00
- 💲 依項目而定
- ➡ 往金巴蘭方向，位於Jl. Uluwatu II 大馬路上的小巷內
- ⏳ 1 hr
- ⁉ 店家位在巷子內，建議搭配導航尋找，也可請司機聯絡店家，確認位置
- MAP P.105

▲工廠的咖啡包

峇里島的景點中，有不少類似主題式的觀光工廠，金兔咖啡工廠也是其中之一，開放觀賞咖啡豆加工過程、提供解說外，也販售咖啡。其最大特色是公豆咖啡，喝起來味道香醇，較無苦澀味。由於工廠大都接應旅行社，每一團來都會搭配一位導覽人員，會先進行解說，告知工廠的歷史及咖啡介紹，接著會帶遊客到咖啡室享用咖啡。若是自行前往，可在櫃檯先行告知，讓員工為你搭配導覽員，工廠有提供中文導覽員，溝通不成問題。

咖啡工廠入口

逛 街 購 物

金巴蘭的小型商場
Jimbaran Corner

- ✉ Jl. Raya Uluwatu, Jimbaran
- ☎ 0361 703 342
- ⏰ 平日10:00～22:00；週末10:00～23:00
- ➡ 飯店Le Méridien Bali Jimbaran附近
- ⏳ 1 hr
- http jimbarancorner.net/shops-directory
- MAP P.105

位在金巴蘭海灘附近的小型商場，由於這一帶的購物商場較少，因此成為當地的購物選擇，與庫塔區的商場相較而言，這裡的環境較為靜謐舒適。外觀獨具特色，以竹子、木頭搭建的深色系為主，帶些神祕感。商場裡約有10幾間店家進駐，店家大都集中於一樓，餐廳價格普遍在中高與高價位之間。店家類別可分為服飾店、珠寶飾品、書店、家居生活用品與家具等，知名品牌L'OCCITANE也在商場中開了一家Bamboo Spa館，走奢華Spa路線。

▲L'OCCITANE的護膚產品知名度高

旅行小抄

金巴蘭區兌幣

金巴蘭區的換幣商家較少，若是覺得金巴蘭區要換幣較麻煩，可先在庫塔區換好帶過來，或是考慮在Jimbaran Corner百貨附近換幣，旁邊有兩三間換幣商家，雖然價格可能沒有庫塔區來的好，但至少省下找商家的時間。

特 色 餐 飲

金巴蘭下午茶好去處
Chocolate Café

- ✉ Jl. Raya Uluwatu, Jimbaran
- 📞 0361 703 342 (Jimbaran Corner商場電話)
- 🕐 11:00～22:00
- 💲 每人約Rp.4萬元起
- ➡ 位在Jimbaran Corner商場1F
- ⁉ 0.5 hr
- MAP P.105

販售飲品點心的Chocolate Café，是金巴蘭區享用下午茶的好去處。咖啡館小巧簡單，沒有過多的裝潢，落地窗設計可看見馬路上熙熙攘攘的過客。冷藏櫃中豐富精緻的點心蛋糕，吸引目光，不管是點心或飲品，價格約略在Rp.4～6萬元之間。Chocolate Café也提供輕食料理，三明治、麵食、沙拉、披薩等，價格約Rp.5～10萬元上下。還有一些印尼式的傳統料理，是間餐點選擇多元的咖啡館。

◀ 點心可口誘人
▼ 適合享用下午茶

知名旅館內的美味餐廳
Bamboo Chic Restaurant

- ✉ JL. Bukit Permai, Jimbaran
- 📞 0361 8466 888
- 🕐 06:30～23:00
- 💲 每人約Rp.10萬元起
- ➡ 位在Le Méridien Bali Jimbaran中
- ⏳ 1.5 hr
- http lemeridienbalijimbaran.com/bamboochic
- MAP P.105

為Le Méridien飯店內的附設餐廳，餐廳Bamboo Chic與飯店的理念一致，追求品質優良與出色的菜肴，帶給用餐者難忘的經驗。餐廳環境可見不少竹子造景，與店名相符。餐廳一側採用大片落地窗，白天光線充足，用餐者透過落地窗可欣賞室外景色，增添用餐好心情。

空間寬敞之餘，座位數量也多，提供的菜肴也相對多元，東西方餐點皆有，也有提供紅酒、雞尾酒等搭配餐點。擺盤十分講究，也重視色彩運用。

▼餐廳空間寬廣明亮 ▲餐點重視擺盤與色彩
(照片提供／Le Méridien Bali Jimbaran)

不少遊客選擇在此用餐休息

可用餐又可賞衝浪
Single Fin

- ✉ Jl. Mamo, Uluwatu / Jl. Labuan Sait, Pantai Suluban, Uluwatu
- ☎ 0361 769 941
- �🕐 10:00～22:00(週三晚上～00:00；週日～01:00)
- 💲 每人約Rp.8萬元起
- ➡ 靠近飯店Blue Point Hotel，走到底即可看到餐廳
- ⏳ 1 hr
- http singlefinbali.com
- ⁉ 進入餐廳的區域前，若開車會收停車費
- MAP P.104

Single Fin一間在水明漾，另一間在烏魯瓦圖。餐點以西式為主，沙拉、漢堡與披薩之外，還有炭烤排餐與印尼餐點，也提供各式各樣的特調飲料。別錯過這裡的露天空間，坐在戶外座位上，除可欣賞海洋風景，由於下方的海灘適合衝浪，引來各衝浪好手，用餐時也可欣賞他們在浪尖上的英姿。

Single Fin吧檯色彩繽紛

香味四溢的烤肉店
iiga Warung

- ✉ Jl. Uluwatu I, Jimbaran (Google Map 為Jl. Raya Uluwatu I, Jimbaran)
- ☎ 0813 3826 2009
- 🕐 11:30～23:00
- 💲 一份豬肋排約Rp.13萬元起
- ⏳ 1 hr
- http www.iigawarung.com
- MAP P.105

iiga Warung是以烤肉聞名的餐廳，除金巴蘭外，另一間位於烏布。進入門口前就可看到炊煙裊裊的烤肉架，豬排與雞腿在上方烤得滋滋作響，香味四溢，令人胃口大開。用餐環境素雅，入座後服務人員會來協助點餐，餐點簡單，以雞豬牛3種肉類炭烤為主，另外也提供沙拉、炒時蔬、湯等。豬肋排為主打餐點，鮮嫩多汁，搭配甜辣或原味醬汁的烤肉醬更是加分，由於豬肋排分量較大，胃口小的人可以兩人吃一份。

豬肋排為招牌餐點

海灘旁的燭光晚餐

玩家交流

金巴蘭一長排的海鮮餐廳，令人想起嘉義布袋的情景：一樣有著招攬客人的員工，和展示在水族箱裡的海鮮。餐廳有室內與戶外兩種空間，既然來到金巴蘭，當然要選擇坐擁海灘風情，隨著天色漸暗，各家餐廳不約而同點起燭光，但那

一邊享用餐點一邊欣賞海景

燭光亮度不高，反倒是一旁烤玉米老伯攤位的燈光，成為打亮四周的要角。在微弱的燈光與音樂下享用這頓大餐，不知是否心理作用，覺得特別好吃，而這裡確實也是情侶情話綿綿的好去處。

品嘗新鮮海產

King Crab Dena's Cafe

✉ Jl. Pantai Jimbaran, Jimbaran
☎ 0361 703 133
🕙 10:00～22:00
💲 套餐約Rp.12萬5千元起
➡ 位在金巴蘭海灘的海鮮大街中
⏳ 2 hr
🗺 P.105

金巴蘭的海鮮餐廳遍布於海灘旁，至少有十幾間，約莫下午紛紛張羅著海灘座位，準備迎接每一組客人。每間餐廳環境及菜單大多差不多，有套餐，也可單點，因此儘管是一人前往也可享用，而King Crab Dena's Cafe就是其中一家。

套餐以海鮮肉類為主食，附白飯、湯品、小菜與水果等，在點選餐點時，菜單上方會標示出包含的海鮮種類，也會告知重量(公克)，方便顧客判斷適合點哪一種套餐。套餐幾乎都包含一條烤魚、花枝與蝦子等，分量足夠，若想要吃龍蝦或是少見的海鮮，價格會再高一些。情侶或夫妻蜜月來到金巴蘭海灘大街，不妨選擇坐在情侶專屬的位子，感受夜晚燭光之下的浪漫大餐。

海鮮套餐

各家餐廳皆有海灘座位欣賞夕陽

SPA推薦

各式按摩與曬後護膚
Le Spa

✉ Jl. Mrajapati, Jimbaran
📞 0361 701 961 (Keraton度假村電話)
🕐 10:00～18:00
💲 基本全身按摩1 hr約Rp.40萬元
➡ 位在Keraton Jimbaran Beach Resort
度假村中，金巴蘭海灘旁
http keratonjimbaranresort.com/spa
⁉ 需要提前預約
MAP P.105

金巴蘭海灘除了曬日光玩水，或是吃海鮮大餐外，沿途的飯店與度假村，有不少附設的Spa館，而Le Spa歸Keraton度假村所屬，位在度假村的游池旁邊。雖然一旁就是人來人往的海灘，但室內房間隱密性高，對於重視個人隱私的顧客來說，是個不錯的選擇。不過Le Spa房數不多，需提前預約，避免客滿掃興。按摩項目多元，有峇里島式、熱石、雙人四手聯彈和腳底按摩，更有不少特殊療法，像是日式Shiatsu、印度式Ayurveda、香草按摩，還有針對日曬後的護膚項目，為肌膚做深層的保養與滋潤，減少曬傷的不適感。推薦各位可在下午享受Spa療程，因為當你結束Spa體驗後，剛好可以接著欣賞日落，感受夕陽沒入海中的美麗景致，恬意悠閒地迎接夜的來臨。

> ### 旅行小抄
>
> #### 普遍走中高價位的金巴蘭海灘Spa
> 金巴蘭海灘附近的飯店與度假村，大都擁有各自的Spa館，服務品質與環境營造都有一定規格和水準，但價格相對也比庫塔區貴一些。若想在金巴蘭區找尋平價的Spa館，要往離海灘遠一些的區域去，價格會便宜一點。

Le Spa會館外觀

房間布置精巧乾淨，隱密性高

※此頁照片提供／Keraton Jimbaran Beach Resort

使用ELEMIS護膚產品

Serenity Spa & Salon

✉ Jl. Bukit Permai, Jimbaran
📞 0361 8466 888
🕐 10:00～22:00
💲 基本全身按摩1 hr約Rp.60萬元起
➡ 位於Le Méridien Bali Jimbaran飯店內
⁉ 需提前預約
🗺 P.105

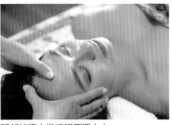
頭部按摩力道建議不要太大
(照片提供／Le Méridien Bali Jimbaran)

這家是Le Méridien Bali Jimbaran飯店附屬的Spa館，館內主要是使用ELEMIS品牌的護膚產品(ELEMIS創立於西元1989年，為英國專業護膚品牌)。房型走隨性簡約的風格，沒有過多華麗的裝潢，讓顧客專心於感受各項療法。身體按摩、臉部護理、去角質和組合式套裝療程等之外，也提供美髮與美甲。

房型簡約大方
(照片提供／Le Méridien Bali Jimbaran)

邊按摩邊聆聽海浪

The Beach Spa

✉ Jl. Uluwatu, Yoga Perkanthi Lane, Jimbaran
📞 0361 701 605 (Belmond度假村電話)
🕐 10:00～21:00
💲 基本全身按摩1 hr約Rp.73萬元
➡ 位在Belmond Jimbaran Puri度假村中，金巴蘭海灘旁
🌐 www.belmond.com/jimbaran-puri-bali/the_spa
⁉ 需提前預訂
🗺 P.105

每座亭子就是一間房

The Beach Spa為Belmond度假村的Spa館，坐落在海灘旁，最大的特色就是可以在按摩時，聆聽海浪的聲音，吹吹海風，享受這難得的悠閒時光。每個亭子就是一間房，運用峇里島建築的原始特色，營造出熱帶島

房間裝潢以竹製與木製家具為主

嶼度假風，簡單卻不失情調。基本服務項目大部分都有，也提供爪哇皇家Lulur以及峇里島Boreh(兩者是峇里島上知名的去角質療法，皆會在身體上塗抹敷膜，透過摩擦達到去角質的效果；前者的敷膜是混和優格與溫和的香料，後者的敷膜是辛香料)，有興趣可嘗試看看。

住宿情報

南部地區住宿小叮嚀

● **重視靜謐的遊客，請避開夜店區**

對於淺眠的人而言，這的確很重要，若擔心會被吵醒，建議各位避開雷根大街的夜店集中區，因為此區的夜生活，大都會熱鬧至凌晨。

● **愛逛街的旅客，請在事先確認飯店位置**

庫塔海灘大街、雷根大街與水明漾大街，這三條路段的商店與餐廳較多，覓食或逛街都很方便。另外也推薦入住靠近百貨商場的飯店，一樣有不少的逛街選擇。

● **搭計程車回飯店，請留意路線與時間**

南部有許多的單行道，尤其是庫塔與雷根，導致回程與去程的路線可能不同，搭乘計程車回飯店的時間長短也會有所影響。

▲鬧區街道不大，有不少為單行道

奢華型Villa
Villa de daun

📧 Jl. Legian No.123B, Kuta
📞 0361 756 276
💲 雙人房每晚約\$400起
➡ 靠近飯店The ONE Legian
🌐 www.villadedaun.com
🗺 P.56

▲餐點精緻可口 (照片提供／Villa de daun)

車水馬龍的雷根大街上，佇立著一處華麗且隱密的Villa de daun別墅，若想在庫塔區體驗峇里島的Villa魅力，感受奢華房型的價值，相信這裡應該可以符合需求。房型以雙人房別墅居多，但也有兩間雙人房(Two Bedroom)和三間雙人房(Three Bedroom)的別墅。每間房均區隔開來，重視住戶隱私，有私人游泳池、戶外空間、小廚房等，設備齊全。加分的是，每間房都會配搭一位私人管家，服務無微不至，盡可能滿足客人需求，讓你能悠閒地享受度假時光。

環境採光好且造景精緻 (照片提供／Villa de daun)

South Bali Accommodations

122

經濟實惠&設備齊全
favehotel Kuta Square

- ✉ Jl. Khayangan Suci No. 8, Kuta
- ☎ 0361 8465 959
- $ 雙人房每晚約$40起
- ➡ 位在庫塔廣場附近
- http favehotels.com/en/hotel/view/37/favehotel-kuta-square
- ⁉ 因為favehotel很多間，特別留意此間全名為favehotel Kuta Square，以免司機跑去其他家
- MAP P.56

提供簡單經濟的早餐

　　favehotel是Archipelago International集團的連鎖飯店之一，於印尼、馬來西亞、新加坡皆有，收費平價，為旅客提供經濟實惠的住宿選擇。位於庫塔廣場的這家favehotel以粉紅色為主色，招牌、大廳等都看得到

這個顏色，活潑、搶眼，也令人印象深刻。房型類似商務型旅館，空間雖然相對較小，但基本設備齊全，電視機、浴室、冷氣空調皆有。

favehotel提供自助早餐　　　　房型簡約但設備齊全

充滿水元素的度假飯店
Le Méridien Bali Jimbaran (照片提供／Le Méridien)

▼飯店泳池

- ✉ Jl. Bukit Permai, Jimbaran
- ☎ 0361 846 6888
- $ 雙人房每晚約$210起
- ➡ 位在Jimbaran Corner商場附近
- http www.lemeridienbalijimbaran.com
- MAP P.105

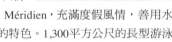

　　Le Méridien為全球知名飯店，口碑良好。位於金巴蘭海灘附近的Le Méridien，充滿度假風情，善用水元素做造景設計，成為飯店最為耀眼的特色。1,300平方公尺的長型游泳池，兩旁緊臨著飯店房間，十分壯觀。

　　房間設計現代清新，採光良好，空間寬廣，房間的設備或用品，也有不少採用水藍色的配色。最令人感到驚喜的是，Le Méridien的LAGOON ACCESS房型，可讓房客直接從房間陽台進入泳池，享受自在出入戲水的樂趣。

◀LAGOON ACCESS房型可直接從陽台進入泳池
(照片提供／Le Méridien Bali Jimbaran)

來場金巴蘭海灘婚禮
Keraton Jimbaran Beach Resort

- ✉ Jl. Mrajapati, Jimbaran
- ☎ 0361 701 961
- 💲 雙人房每晚約$90起；Villa約$300起
- ➡ 位在金巴蘭海灘旁
- http keratonjimbaranresort.com
- MAP P.105

度假村提供婚禮宴會服務
(照片提供／Keraton Jimbaran Beach Resort)

Keraton度假村位於金巴蘭海灘旁，從大廳前往房間的路上，充滿綠意，也有石雕造景與小噴水池。度假村瀰漫清新寧靜的氛圍，沒有太多吵雜的聲音，適合想要放鬆度假的遊客。這裡的環境傳統典雅，每一棟房屋外觀古色古香，內部則是現代與傳統並存。

度假村位於金巴蘭海灘旁(照片提供／Keraton Jimbaran Beach Resort)

飯店房型除了一般房、豪華房與套房外，亦有Villa別墅。若是想要辦一場浪漫的海島婚禮，度假村也會替顧客精心安排。

鄰近庫塔廣場
Ramayana Resort

- ✉ Jl. Bakung Sari, Kuta
- ☎ 0361 751 864
- 💲 雙人房每晚約$65起；套房約$250
- ➡ 靠近庫塔廣場
- http www.ramayanahotel.com/en
- ⁉ 需押金或信用卡過卡
- MAP P.56

▲度假村也有提供較為平價的房型
▼度假村附設游泳池(照片提供／Ramayana Re

Ramayana Resort靠近庫塔市集街和庫塔廣場，入口處有便利商店，用餐選擇也多。環境造景精緻，透過小水池與植物陪襯，整體散發著悠閒氛圍。房型分為一般房、豪華房、家庭房與套房等。一般房型隔局適中，設計中規中矩，乾淨整潔；豪華房的床邊有床簾點綴，增添情調。價格最貴的套房房型，

採用現代風格，也保留部分峇里島元素，精緻宜人，空間寬敞。內有兩座泳池、Spa館與餐廳。Spa館屬中高價位，服務項目以按摩為主；餐廳Gabah於07:00～10:00提供房客用餐，中餐至晚餐對外營業，以印尼式的傳統料理為主要菜色。

適合背包客的質感旅館
Grandmas Plus Hotel Legian

- ✉ Jl. Sriwijaya No. 368, Legian, Kuta
- ☎ 0361 754 149
- 💲 雙人房每晚約$30起
- ➡ 位在Melasti街與雷根大街交界處
- http www.grandmashotel.com
- MAP P.83

Grandmas飯店價格親民，是背包客或經濟型旅客可考慮的飯店，位在雷根路上的分店，位置便捷，附近餐廳與商家不少。對街的Melasti街也很熱鬧，吃飯不成問題，往Melasti街走到底，就是雷根海灘。飯店的房間，帶些時尚感，空間雖然不大，但乾淨整潔，具有一定質感。

▼飯店房型簡潔大方
(照片提供／Grandmas Plus Hotel Legian)

▲飯店引入自然元素的造景(照片提供／Grandmas Plus Hotel Legian)

充滿綠意簡約大方
Swiss-Belhotel Rainforest

- ✉ Jl. Sunset Road No.101, Kuta
- ☎ 0361 846 5680
- 💲 雙人房每晚約$45
- ➡ 靠近日式餐廳Sushi Tei (見P.100)
- http www.swiss-belhotel.com/en-gb/swiss-belhotel-rainforest
- ⁉ 日落大道區離庫塔市區有一段距離
- MAP P.83

房間乾淨整潔

Swiss-Belhotel是知名的連鎖飯店，遍布印尼、澳洲、紐西蘭與土耳其等，位在峇里島日落大道上的Swiss-Belhotel，以雨林為主題，大廳後方的中庭透過植物造景，打造有如小型雨林般的環境，讓飯店與自然結合，增添綠意。整座飯店共有161間房間，並將禁菸房與一般房分樓層隔開，確保入住品質，房間以現代風格為主，簡約大方，提供基本備品，而房內仍是保留綠色的元素，與雨林設計相呼應。附近的用餐選擇與商店較少，若要前往庫塔市區，須搭計程車前往。

Swiss-Belhotel游泳池

中部地區 Central Bali

中部地區地圖

坦帕西林Tampak Siring

德哥拉朗梯田區Tegalalang

烏布Ubud

孟威 Mengwi
阿韻花園神廟Pura Taman Ayun

貝度魯Bedulu

馬斯Mas
木雕村區域

阿比安瑟莫Abiansemal
綠色村落Green Village

巴杜安Batuan

澤魯克Celuk
銀飾村區域

巴杜布蘭Batubulan
石雕村區域

登巴薩Denpasar

傳統建築・藝術文化・DIY體驗

烏布Ubud

概況導覽

距離南部庫塔車程約1～1.5小時的中部，由於位處山區，沒有海邊的熱氣惱人，微風帶著一絲涼爽。而烏布為中部地區最知名的城市，當你穿梭於烏布街道時，會具體感受與南部不同的氛圍，尤其是烏布市場附近，周圍的環境與建築，保留原有的傳統特色。

▲柏藍戈博物館在烏布享負盛名
(照片提供／The Blanco Renaissance Museum)

烏布市區的景點與活動，以人文類型為主，如烏布皇宮、博物館、神廟等，各個博物館都有著獨自的珍藏品，深度介紹峇里島的文化與藝術。而烏布市區的夜間活動，以觀賞舞蹈表演為首選，約19:30開始演出，每天的表演不太一樣，但都是峇里島傳統的舞蹈。

具有峇里島風情的木雕面具

DIY體驗也是遊玩烏布的重點，銀飾製作、蠟染與廚藝等各式各樣的體驗課程，帶給遊客不同的回憶。尤其是廚藝課程，廚師親自教導如何製作道地美食，最後再一起享用大餐，過程非常有趣，值得一探。

廚藝課程

一日遊時間安排

廚藝課程或銀飾體驗	4 hr
烏布市區博物館	1 hr
烏布皇宮與蓮花園神廟	1 hr
烏布市集	1 hr
舞蹈欣賞	2 hr

烏布地圖

Beji Ubud Resort
Naughty Nuri's

奈佳藝術博物館Neka Art Museum

Jl. Raya Sanggingan

Ananda Cottage

Jl. Raya Campuhan

1.烏布答浪神廟Pura Dalem Ubud
2.普利路基珊博物館Museum Puri Lukisan
3.蓮花園神廟Pura Taman Saraswati
4.烏布市場Pasar Ubud
5.烏布皇宮Ubud Palace
6.柏藍戈博物館The Blanco Renaissance Museum

廚藝教室
Payuk Bali Cooking Class

Ibu Oka

Bridges Bali
Kampoeng Joglo
Abangan Villa Ubud

Sang Spa2

1.便利商店Alfa mart
2.星巴克Starbucks
3.遊客中心Fabulous Ubud Tourist Information
4.Casa Luna

廚藝教室
Paon Bali Cooking Class

Jl. Kajeng
Jl. Suweta
Jl. Sriwedari
Jl. Sandat
Jl. Tirta Tawar
Jl. Jero Gadung
Jl. Raya Andong

Jl. Raya Penestanan

Sri Ratih Cottages
Sri Ratih Café
Sri Ratih Spa
Vive Salon & Spa

Jl. Bisma
Jl. Arjuna
Jl. Kana
Jl. Gotama
Jl. Dewisita

Ibu Rai

烏布大街Jl. Raya Ubud

Jl. Gunung Sari

1.Studio Perak
2.Kapal-Laut
3.Uluwatu 手工蕾絲
4.KOU CUISIN
5.Sensatia Botanicals

Jl. Monkey Forest Gg. Beji
Ubud Village Hotel

Pandan Wangi Spa
Komaneka at Monkey Forest

Jl. Monkey Forest
Jl. Hanoman
Jl. Sugriwa
Jl. Jembawan
Jl. Sukma Kesuma
Jl. Cok Gede Rai

聖猴森林區
Mandala Wisata
Wenara Wana

Jl.Monkey Forest
Bebek Bengil

Jl. Jatayu

Pertenin Body Care

餐廳 Kebun Bistro

熱門景點

必訪知名地標

烏布皇宮
Ubud Palace

- Jl. Raya Ubud No.8, Ubud
- 每日08:00開放,19:30有舞蹈表演
- 免費參觀,夜間舞蹈表演需額外買票
- 位於烏布大街(Jl. Raya Ubud)與猴林街(Jl. Monkey Forest)交接處
- 0.5 hr
- MAP P.128

　　烏布皇宮是烏布市區最為知名的景點,也是熱鬧的核心地帶,附近延伸出豐富的購物與用餐選擇,像是烏布市場、烏布大街及

皇宮隨處可見傳統元素

128

▲ 皇宮周遭古色古香

猴林街等。白天的烏布皇宮,開放遊客參觀,能清楚地欣賞皇宮的建築與環境,更可仔細地觀察皇宮各種精緻的石雕、木雕,這些都是峇里島傳統的特色藝術品。

典雅的烏布皇宮,是遊客喜愛合影留念的地方。夜晚人潮依舊,很多人是來欣賞舞蹈表演。由於座位是隨機選擇,因此若想要找個視野好的座位,建議在19:00之前就要先找位子了。

當地人會帶小朋友來此練習舞蹈

旅行小抄

善用遊客中心

位在烏布市場對面的遊客中心,全名為 Fabulous Ubud Tourist Information,建議各位可到此蒐集資訊,許多套裝遊程以及舞蹈表演時間地點等,皆可在此詢問。遊客中心除了提供旅遊資訊外,一旁可兌換錢幣,另外也可跟遊客中心的人員索取當地的舞蹈表演整合表,

上面有每天的舞蹈項目,並註明各表演地點,若是不確定位置,也可向服務人員詢問。特別注意遊客中心不好辨識,指標也不清楚,它位於建築物的後方,往內走就可找到遊客中心。

蓮花園神廟
Pura Taman Saraswati

- ✉ Jl. Raya Ubud, Ubud
- 🕐 每日08:00開放，19:30有表演活動
- ➡ 位於烏布星巴克Starbucks和蓮花餐廳
  Cafe Lotus之間
- ⏳ 0.5 hr
- 🗺 P.128

蓮花綻放的季節，風景更加優美

　　Saraswati神廟又稱Ubud Water Palace，前方有一水池，水裡的蓮花，除呼應女神Saraswati乘坐的蓮花座外，也成了神廟的特色之一，在蓮花盛開的季節裡，花朵綻放的景象，為神廟增添了美麗的風情，吸引不少遊客前來。神廟前為咖啡館Starbucks與餐廳Cafe Lotus，皆有欣賞蓮花池的座位，不管是想要喝咖啡吃點心，或享用正餐飽足一頓，這兩家店都可滿足需求，尤其是餐廳Cafe Lotus更在蓮花池附近設計了一座亭子，讓顧客可以邊用餐，邊眺望蓮花池景致。

神廟前方有時會出現攤商

知識充電站

女神Saraswati

Saraswati是印度教的女神，為創造之神梵天(Brahma)之妻子，相傳女神Saraswati乘坐於蓮花寶座，擁有4隻手，手中所持的物品，具有不同的意涵，書卷代表智慧、樂器代表創造、念珠則為冥想，因此她也被視為智慧的代表。

烏布夜間舞蹈表演
Night Dance Performance in Ubud

烏布市區充滿著藝術氣息，而舞蹈表演是其夜間活動的一大特色，一些神廟與餐廳都會規畫每晚的表演活動，供遊客觀賞，大都於19:30開始。其中烏布皇宮、蓮花園神廟與烏布答浪神廟距離較近，為步行可以抵達的三個地點。以下是筆者從舞蹈觀賞經驗中，選出較為經典的幾場表演提供參考。

▲哥洽舞表演者將手舉起

非常特別。整場演出以印度史詩《Ramayana》的故事串起，主角們會來到火把周圍演出，一群男性會配合劇情躺下、坐起、伸手，十分有趣。

特色表演介紹

• 哥洽舞Kecak

哥洽舞令人驚豔，與一般認知的常見舞蹈截然不同，一群男性圍繞成圈，坐在火把的四周，表演全程幾乎沒有樂器伴奏，透過人聲的方式，由一位男性帶領整體的節奏，其他人則發出「恰克」的聲音，每一小節結束後，會以一段歌唱的旋律作為結尾，

• 火舞Fire Dance

火舞為桑揚之舞(Sanghyang)，往往銜接於哥洽舞後表演，是島上祈求平安的舞蹈。火舞開始時，會見到炭火鋪平於地面，表演者勇敢地走上火堆表演，但正當讚歎表演者的勇氣之時，表演者會出乎意料地將火推踢向四方，現場氣氛立刻變得驚險刺激，火花竄起，而表演者也會隱沒於火花中。坐前排的人可要小心，因為炭可能會弄到腳。

◀火舞表演者舉著馬進入

雷貢舞

• 雷貢舞Legong

雷貢舞是常見的傳統舞蹈，幾乎每個地點都會安排此項表演，舞者動作柔和優美，裝扮精心奪目，可以說是峇里島中最美麗的舞蹈。舞者全身的行頭中，以頭頂上方的雞蛋花頭飾，最為搶眼。在表演的過程中，舞者會將前方的布條拿到眼前，細細觀察與讀取布條，是雷貢舞橋段中的特色之處。

• 兩位國王Sunda Upasunda

烏布皇宮週三的舞蹈表演，以雷貢舞(Legong)與巴隆舞(Barong)為主題，有時會加演Sunda Upasunda兩位國王的故事，故事取自印度史詩《Mahabharata》，國王的妝容精緻，服裝華麗，身形魁梧健壯，表演搭配的音樂較為緩和，兩位演出者的動作一致，重視默契，是一種特別的舞蹈。

注意事項 ①②③

1. 避免向路上的人買票

在演出地點周圍，都會有拿著票販售的人，由於不確定他們是否真為售票人員，建議各位在舞蹈開始之前，直接在表演地點門口或現場櫃檯買票。

2. 提前入場

由於座位大都是自由選座，若想要在視線良好的座位觀賞表演，建議以正中央的座位為首選。另外記得提前入場，最好是在表演開始前30～45分鐘前就到現場，避免無法選座位。

3. 留意表演內容

各個地點每天的表演都不太一樣，其中有些表演在票上面就會註明不只有一種舞蹈，比方烏布皇宮週三的舞蹈，就為綜合型表演，若希望一次看兩種以上的舞蹈，可特別留意哪一天有適合的表演。

雷貢舞舞者拿起胸前的布條

舞者扮演兩位國王

烏布舞蹈活動時間表

	舞蹈名稱	地點	時間	價格(Rp.)
週一	Legong Dance	Ubud Palace	19:30	80,000
	Joeg Dance	Ubud Water Palace	19:30	80,000
	Kecak and Fire Dance	Pura Dalem Ubud	19:30	80,000
	Women Performances	Bale Banjar Ubud Kelod	19:30	85,000
	Kecak Fire (Monkey Chant Dance)	Junjungan Village	19:00	75,000
週二	Ramayana Ballet	Ubud Palace	19:30	80,000
	Women Gamelan With Child Dance	Ubud Water Palace	19:30	80,000
	Legong Dance	Pura Dalem Ubud	19:30	75,000
	Spirit of Bali	Jaba Pura Desa Kutuh	19:30	100,000
	Legong Dance	Balerung Mandera	19:30	75,000
週三	Legong and Barong Dance	Ubud Palace	19:30	80,000
	Ramayana Ballet	Ubud Water Palace	19:30	80,000
	Jegog (Bamboo Gambelan)	Pura Dalem Ubud	19:30	75,000
	Wayang Kulit (Shadow Puppet)	Oka Kartini Hotel	20:00	100,000
	Kecak Fire and Trance Dance	Padang Tegal Kaja	19:00	75,000
週四	Legong Trance and Paradise Dance	Ubud Palace	19:30	80,000
	Spirit of Gamelan (Barong and Child)	Ubud Water Palace	19:30	80,000
	Barong and Kris Dance	Pura Dalem Ubud	19:30	75,000
	Legong Dance	Bale Banjar Ubud Kelod	19:30	85,000
	Legong and Barong Dance	Padang Tegal Kaja	19:30	75,000
週五	Legong and Barong Dance	Ubud Palace	19:30	80,000
	Kecak Ramayana and Fire Dance	Pura Dalem Ubud	19:30	80,000
	Wayang Kulit (Shadow Puppet)	Oka Kartini Hotel	20:00	100,000
	Legong Dance	Bale Banjar Ubud Kelod	19:30	75,000
	Jegog (Bamboo Gambelan)	Bentuyung Village	19:00	80,000
週六	Legong Dance	Ubud Palace	19:30	80,000
	Legong Dance	Ubud Water Palace	19:30	80,000
	Kecak Fire and Trance Dance	Padang Tegal Kaja	19:00	75,000
	Frog and Barong Dance	Bale Banjar Ubud Kelod	19:30	75,000
	Wayang Kulit (Shadow Puppet)	Kertha Accommodation	20:00	90,000
週日	Legong of Mahabharata	Ubud Palace	19:30	80,000
	Janger	Ubud Water Place	19:00	80,000
	Wayang Kulit (Shadow Puppet)	Oka Kartini Hotel	20:00	100,000
	Kecak Fire and Trance Dance	Padang Tegal Kaja	19:00	75,000
	Jegog (Bamboo Gambelan)	Bentuyung Village	19:00	80,000

製表／陳怜朱

※任何表演、時間與價格，都可能隨著淡旺季或規畫有所調整，請至遊客中心索取最新的資訊，或是直接至現場確認

充滿豐富的手工藝品

烏布市場
Pasar Ubud

✉ Jl. Raya Ubud, Ubud
🕐 12:00～17:00(早晨攤位較多為果菜市場類型)
💲 免費進入
➡ 位在烏布皇宮對面,烏布大街旁
⏳ 2 hr
⁉ 大多是攤販,信用卡消費的商店較少
🗺 P.128

　　烏布市場堪稱整座島上手工藝品購物的精華地段,許多商家聚集於此,遊客可以慢慢選看,精挑細選。而且,市場是由一般攤販與小店組成,融入在傳統建築中,散發著當地氣息,親和力十足。

　　烏布市場的主要核心是一座約兩三層樓高的室內建築,沿著建築兩側,攤販延伸至周圍的街道。來到這裡,可別只在建築裡購物,周遭的街道也是挖寶的好去處。市場集結各式各樣的手工藝品,木雕、石雕、畫作等,也有沙龍、長裙、鞋子等服飾與穿戴物品,商品琳瑯滿目。

　　時間允許的話,記得貨比三家。若想買的划算,記得數量越多,議價的空間也越大。當決定要買某項商品時,別選太過便宜

訓練殺價能力

當筆者對島上紀念品動心時，就知道殺價是無法避免的，或許是因為遊客很多，攤販不會放過任何可以多賺一點的機會，第一次喊出的價格，總是令人深深倒抽一口氣，有些店家很硬，不給議價，遇到這種情況，筆者也不會自討沒趣；有些店家剛開始說不行，但當你準備離開時，又會再次

在烏布市集議價是常有的事

跟你議價，這種類型成交的機會較大。當然也有殺一次就OK的店家，但為少數。議價的過程其實很有趣，可以認識不同的店家風格，更可訓練殺價能力，久而久之，在島上購買東西，只要能夠議價的，都會花上個幾分鐘，來一場價格廝殺。

的，選擇中間價位較為保險，謹記一分錢一分貨，也請特別留意商品是否有瑕疵或是毀損。

1.紀念品五花八門 2.富有巧思的藝品令人心動 3.烏布市集延伸至周圍街道 4.市場藝品豐富度不容小覷 5.紀念品五花八門 6.可愛小物買回國做紀念

旅行小抄

國語嘛ㄟ通

可能是華人旅客不少，市場裡的攤販，大都會幾句中文關鍵字，如「便宜」、「你要多少」、「不貴」等，對於不會印尼語的遊客來說，省了溝通的麻煩，但要注意對方講的價格是美金還是印尼盾，有時候覺得特別便宜，結果發現店家說的是美金，那就不划算了。店家收錢之後，有時會拿著客人的鈔票去打一打或掃一掃自己的商品，據店家表示這個動作像徵帶來好運，讓其他商品大賣，因此看到他們有此動作，不需過於介意。

1

烏布早晨市集
Pasar Ubud

- ✉ Jl. Raya Ubud, Ubud
- 🕐 05:30攤販紛紛出現，11:30漸漸收攤
- ➡ 位在烏布皇宮對面，烏布大街旁
- ⏳ 0.5 hr
- MAP P.128

造訪一個城市的早晨市場，是最能夠貼近當地的生活方式。若想要了解峇里島，就別錯過烏布市場的早晨，因為早晨的烏布市場販售的是食衣住行相關生活用品，與中午之後販售手工藝品的攤販截然不同。從街道來到地下一層，各式各樣的味道交雜，充滿許多與台灣不同的食物，包括水果、

蔬菜與香料等，如果沒吃飽，也可買些當地點心過過癮。市場裡販售每天使用的小貢品盒花材原料，每隔幾攤就會看到。不妨來走一遭早晨市集，增長見識。

1.烏布市集早晨主要販售蔬果香料 2.香料是在地烹煮食材的重要配角 3.擺攤販售貢品盒花材的婦人 4.研究與台灣蔬菜有何相同與不同 5.早晨採買以當地人居多

2

4

3

5

Ubud

餐廳與精品店集結地

烏布大街
Jl. Raya Ubud

🕐 一般於10:00開業，20:00後打烊
➡️ 位在烏布皇宮與烏布市場間
⏱ 1 hr
🗺 P.128

烏布大街位在烏布皇宮前方，占盡地利之便，成為市區最熱鬧的街道，知名餐廳大都坐落於此，精品商店更是不用說，銀飾珠寶、服飾或包包，選擇多元。若是不知要到哪裡做Spa，也可到烏布大街上找，大部分是不需要提前預約的。避免在巔峰時段搭計程車逛烏布大街，可能會塞車，最好是採徒步方式，悠閒走逛街頭巷尾。

烏布逛街路線

圍繞於烏布市場與烏布皇宮附近的街道，是市區的精華地段，集結不少商家與餐廳，除了烏布大街外，猴林街Jl. Monkey Forest與哈諾曼街Jl. Hanoman也是購物街，不妨善用兩隻腳運動運動，到這兩條街挖寶。

鄰近的Jl. Monkey Forest也是好逛好買區

1.普利路基珊博物館對街小店擺設的畫作
2.販售精油的精品店 3.只要對商店感興趣都可入內參觀 4. 烏布大街街景

烏布早晨市集・烏布大街

Ubud

盡覽峇里島藝術精華

普利路基珊博物館
Museum Puri Lukisan

- ✉ Jl. Raya Ubud, Ubud
- ☎ 0361 971 159
- ◷ 09:00～18:00
- 💲 門票每人Rp. 5萬元
- ➡ 烏布皇宮往西走約3分鐘，位於右手邊
- ⏳ 1 hr
- http museumpurilukisan.com
- ⁉ 拍照不可使用閃光燈
- MAP P.128

▲博物館珍藏各種峇里島畫作
(照片提供／Museum Puri Lukisan)

◀當地樂器演奏體驗(照片提供／Museum Puri Lukisan)

為烏布區歷史悠久的博物館，開放於西元1956年，主要分為東南西北4棟建築，東建築展示皮影繪畫，西建築蒐集1945年至今的傳統峇里島繪畫，南建築介紹博物館歷史並作為當期展覽空間，北建築則展出1930～1945年的傳統峇里島繪畫。

館內也提供DIY體驗，如蠟染、舞蹈教學、製作貢品盒與木雕等，每種項目時間不同，有些只需1～2小時，但如皮影戲偶的製作，因戲偶精緻需要一些專業技藝指導，就需要一天。博物館的DIY價格，會比其他地點貴一些，是否參加可自行斟酌。

到神廟欣賞經典哥洽舞

烏布答浪神廟
Pura Dalem Ubud

- ✉ Jl. Raya Ubud, Ubud
- ☎ 0361 973 285
- ◷ 每日08:00開放，週一～五19:30有舞蹈表演
- 💲 舞蹈表演一場約Rp.7萬5千元起
- ➡ 烏布皇宮往西走約5分鐘，位於右手邊(會經過普利路基珊博物館)
- ⏳ 舞蹈表演約1.5～2 hr
- ⁉ 欲參觀神廟內部，請穿著傳統峇里島式服裝。火舞表演會濺起火花，坐在前排請特別留意。若搭計程車前往，記得告知是在Museum Puri Lukisun附近的Pura Dalem Ubud
- MAP P.128

▲烏布答浪神廟建築美麗

Pura Dalem神廟位在烏布大街上，從烏布皇宮步行前往約10分鐘，神廟門口長長的階梯，非常適合拍照，白天若無特別的節慶活動，人煙較少，非常靜謐，會聽到陣陣微風吹過大樹的聲響。夜間的神廟較熱鬧，露天舞台上有傳統舞蹈表演，其中以哥洽舞與火舞較為出名，大約18:30就會看到門口的櫃檯有人員在售票，一樣採自由選座。

散發歐式風情

柏藍戈博物館
The Blanco Renaissance Museum

- ✉ Jl.Campuan, Ubud
- ☎ 0361 975 502
- ⏰ 09:00～17:00
- 💲 門票每人約Rp.8萬元
- ➡ 烏布皇宮往西車程約5～8分鐘,位於左手邊(會經過餐廳Bridges Bali)
- ⏳ 1 hr
- http blancomuseum.com
- ⁉ 若從烏布皇宮來到Blanco,建議搭車。從入口拱門必須走過一段山坡路,才會到博物館
- MAP P.128

　　烏布市區知名的博物館之一,由藝術家柏藍戈(Don Antonio Blanco)創立,庭園造景漂亮,展示品則以他自己的作品為主。設計裝潢偏歐式風情,與其他採用峇里島傳統元素打造的博物館有些不同。博物館有如小型園區,也附設鳥園與禮品店。

1.博物館外觀 **2.**裝潢走歐式風格 (照片提供 /The Blanco Renaissance Museum)

館藏精彩豐富

奈佳藝術博物館
Neka Art Museum

- ✉ Jl. Raya Sanggingan / Jl. Raya Campuhan, Ubud
- ☎ 0361 975 074
- ⏰ 09:00～17:00
- 💲 門票每人約Rp.7萬5千元
- ➡ 烏布皇宮往西北車程約10～12分鐘,位於右手邊(位於餐廳Nuris對面)
- ⏳ 1.5 hr
- http www.museumneka.com
- ⁉ 離烏布市區有段距離,建議搭車前往。購買門票後,記得索取館內提供的摺頁,對照地圖路線循序參觀
- MAP P.128

　　奈佳藝術博物館因珍藏了豐富的藝術品與畫作,因而聲名大噪。博物館本身保留當地傳統建築群,每一棟建築裡展示著峇里島不同年代或風格的創作,也有國外藝術家的作品,喜愛藝術品或對繪畫有研究的人來到這裡,能欣賞到不少傑作。

　　館內主要分為7個區域,第1區為峇里島畫作,包含早期的皮影風格,以及烏布與巴杜安風格畫派;第2區主要為峇里島現代與藝術家Arie Smit的作品;第3區為照片區;第4區是當地藝術家作品;第5區是印尼現代作品;第6區除了展示印尼現代作品外,也展示國外藝術家作品;第7區為當期展覽區。

博物館融入於傳統建築中

Payuk Bali Cooking Class廚藝教室
煮一桌色香味俱全的峇里島菜肴

✉ Jl. Raya Laplapan, Banjar Laplapan, Ubud
📞 0812 4636 8226
🕐 分為上、下午兩場，早上約08:30開始，下午約15:30開始
💲 每人約Rp.35萬元起(含用餐)
➡ 離烏布市區通車約5～10分鐘(有提供接駁車接送)
⏳ 4～6 hr
🌐 www.payukbali.com
❓ 建議提前以網路報名，素食者請特別告知；廚藝教室可能會隨著情況、季節與參與者口味等，調整體驗內容或菜單
🗺 P.128

▲廚藝教室設備齊全

烏布有不少廚藝教室，這些教室雖在市區附近，但普遍有段距離，距離較遠的會提供接送。廚藝教室主要教授知名且道地的美味料理，主廚會於官網公布參考菜單，不過在現場可能會視狀況作調整。主廚擁有基本的英文對話程度，會照著固定的標準作業流程進行課程，讓參與者不會亂了分寸，有效率地完成每道菜肴。當大功告成後，稍作休息即可享用親手製作的峇里島式大餐，過程簡單不複雜，對廚藝有興趣的遊客不妨試試。

廚藝課程 Step by Step

以下是Payuk Bali廚藝教室早晨時段的體驗流程。如果你想探索烏布早晨市集，記得報名早上時段。

Step 1　探索烏布市場

接駁車到住宿地點接人後，先到烏布市場，介紹島上較特殊的水果、香料、蔬菜等，完畢後前往廚藝教室。

Step 2　主廚自介與認識香料

主廚親切地自我介紹後，開始講解常用香料，也會切幾塊，讓大家藉由嗅覺感受，比較各種香料的差異。這些香料會成為當天的食材。

主廚自我介紹

人人都可當上一日廚師

民以食為天，透過烹煮食物，接著品嘗，從中感受異國的特色。當天的體驗課程，至今回想起來，仍是覺得有趣，過程中主廚總是笑臉迎人，讓不會做飯的人，多了幾分自信。由於參與者大部分不敢吃辣，因此主廚降低了辣度，雖然與峇里島的經典辣味有些差異，但依舊保有傳統美味。參加的遊客，大都是來自各國的散客，透過用餐時間，彼此交流資訊，為用餐時光增添不少樂趣。這樣的過程讓我自己默默許下心願，往後至各國旅遊時，若有類似的廚藝課程，必定撥空參加，因為能與當地食物近距離互動，實在難得。

Step 3 前置作業

以兩人為一組，進行準備食材的前置作業，體驗切丁切塊、磨製香料、串肉塊、包裹食材等，每個人會輪流體驗，感受不同流程的樂趣。

Step 4 烹、煮、炒

須透過火爐加熱的步驟，包括湯品、燉雞等，主廚會一一觀察各組人馬的情況，也會適度協助，不用擔心會毀了眼前的料理。

Step 5 大快朵頤

完成當天所有料理後，開始享用大家的精心傑作，不會特別限制吃的分量，基本上食物是綽綽有餘。

即將使用的食材陳列眼前

其他廚藝課程資訊

以下是幾家廚藝教室的網站，若想查尋更多店家，可上網用關鍵字搜尋，譬如Bali Cooking Class或是針對地區Kuta、Ubud等的Cooking Class，即會看到五花八門的資訊。有些廚藝教室離市區不算近，需留意是否包含接送，或記得詢問接送的價碼。

● 庫塔地區

Anika Balinese Cooking Class
http anikacookingclass.com

● 烏布地區

Casa Luna Cooking School
http www.casalunabali.com/cooking-school

Paon Bali Cooking Class
http www.paon-bali.com

搗碎香料

Studio Perak 銀飾製作
親手打造獨一無二的飾品

- ✉ Jl. Hanoman, Ubud
- ☎ 0812 365 1809
- 🕐 體驗課程為週一～六09:00～12:00；旺季會彈性提供下午場14:00～17:00
- 💲 每人約Rp.40萬元(包含5克銀飾材料)，若想要加入寶石或鍊子等，需額外加價
- ➡ 從烏布大街與Hanoman街口右轉後，再步行約5分鐘，即可看到店面
- ⏳ 3～5 hr
- http www.studioperak.com
- ⁉ 需提前報名，會操作部分精密機器，旅客要懂英文為佳；孩童若未滿8歲請勿參加
- MAP P.128

　　Studio Perak設有半天的銀飾製作體驗課程，老師以簡單的英文會話，小班教學，每人都可自由發揮，不管是項鍊、耳墜、戒指、手環等，若是沒有任何想法，老師也會給一些範本或建議。不用擔心做出的成果會不滿意，因為老師會隨時關心學員的製作狀況，稍有難度高的部分，譬如焊接或拋光等，亦會協助。整個體驗內容，對於飾品製作的初學者而言，不會太困難，一般人皆可參與。

銀飾製作 Step by Step

　　Studio Perak銀飾店早晨時段提供的體驗課程，約為4小時，流程如下。

Step 1　繪製草圖

　　製作前需畫出草圖，以便與老師溝通，老師也會告知如何製作。較無法即興發揮的人，最好於出發前先設計好圖案。

Step 2　初步製作

　　隨著不同的飾品設計，需要派上用場的技術也會調整，如切割、敲打、穿孔、拉直等，老師會一步步的指導，先從初步的形狀開始製作。

有不少範例可作為參考

Studio Perak銀飾課程地點

打造獨一無二的飾品

以「打造」一詞形容製作飾品的過程，再適合不過，因為難免要敲敲打打，雖然不像專業師傅般打得精準，但參與製作的我們，用心的程度可沒話說，若沒有近距離看，路過的人應該會認為我們是正在上班的師傅吧！每個人打造的飾品，有其特色巧思與各自的設計理念，

簡單的操作也不要馬虎

都是獨一無二的。而飾品不像廚藝課程，可以保留的不只是回憶，更是一個實體的物品，因此十分推薦各位參加，不但可重溫學生時期做美工的經驗，也能探索自己的藝術天分與能耐。

Step 3 高難度的步驟由老師協助

老師會協助較難掌握的部分，讓飾品的品質更好。另外銀飾焊接的過程較為危險，因此主要是由老師協助完成。

Step 4 飾品拋光

拋光會讓銀飾改頭換面，變得閃亮許多。此步驟完成後，就下課囉。

老師用心教導並給予建議

作品完成後可以帶走

Studio Perak 以小班教學為主

注意事項 ① ② ③

要成品漂亮，也要保護自己

1. 任何動作都不要馬虎

每一個動作，過與不及都會影響飾品的品質，因此製作時不要馬虎，並且小心操作，避免受傷，尤其是焊接與拋光的時候，要格外謹慎。

2. 焊接時會出現異味

焊接過程中，銀飾燃燒與黏著時會產生異味，若感到不適或刺鼻，可先至戶外休息一下再繼續。

各種價位都有
Kapal-Laut銀飾店

📧 Jl. Raya Ubud, Ubud
📞 0361 973 373
🕐 09：30～22：00
➡️ 靠近烏布市場
⏱ 0.5 hr
🌐 www.kapal-laut.com
🗺 P.128

私房推薦

　　峇里島上Kapal-Laut銀飾店，分布於庫塔、水明漾與烏布等熱鬧區域，還未前往店面時，不妨

先在官網上瀏覽，因為網上會直接顯示各項精品的價格，鎖定要看的產品後，再到店面搜尋。商品從平價至中高價位皆有，滿足不同消費族

網路上可搜尋店家商品
(照片提供／Kapal-Laut)

群，對於剛開始接觸銀飾精品的人來說，可把Kapal-Laut列入口袋名單。銀飾之外，也販售珠寶類型的飾品，店面環境風格優雅高貴，銀白色的飾品，陳列於黑色模型上，顯得格外亮眼。

飾品陳列整齊一覽無遺，方便顧客選擇比較
144

設計俐落大方
Studio Perak銀飾店

📧 Jl. Hanoman, Ubud
📞 0361 974 244
🕐 09:00～20:30
➡️ 沿著烏布大街，看見Jl. Hanoman街後右轉，靠近Jl. Dewisita路附近
⏱ 0.5 hr
🌐 www.studioperak.com
⁉️ 若要體驗銀飾製作，需提前預約
🗺 P.128

　　烏布區Studio Perak，是屬一屬二的銀飾店，以販售飾品為主，若要體驗製作銀飾，則要到Hanoman街上這間分店，除了販售精緻飾品，白天也提供銀飾製作體驗課程。店內裝潢精巧可愛，環境以藍白色配搭，清爽明亮。飾品種類眾多，手環、項鍊、耳環等各項商品閃閃動人，從外面走過，很容易被落地窗內的飾品吸引。商品融入設計者的巧思與用心，以自然線條與簡單風格為設計理念，形狀與圖案大都俐落大方。

Studio Perak銀飾店外觀

峇里島知名品牌
Uluwatu手工蕾絲

✉ Jl. Raya Ubud, Ubud
📞 0361 973 378
🕐 08:30～22:00
➡ 烏布大街此側的烏布市場附近
⏳ 0.5 hr
🌐 uluwatu.co.id
🗺 P.128

服飾強調以手工製作(照片提供／Uluwatu Handmade Balinese Lace)

布娃娃穿著當地傳統服飾

Uluwatu Handmade Balinese Lace於西元1978年成立，遍布峇里島庫塔、水明漾、金巴蘭與烏布等各大鬧區，主打品質佳且手工製作的蕾絲商品，為島上十分知名的手工蕾絲店，讓遊客多了一項購物選擇。

烏布分店位於熱鬧的烏布大街上，以木製櫥櫃擺放商品，並用木製品點綴環境，營造出溫馨的質感。商品以純色為主，簡單純粹，沒有過多花俏的顏色與圖案，風格簡約俐落。最重要的是，商品都會加入蕾絲元素，呼應蕾絲是Uluwatu的主打特色。價格落於中高與高價位之間。

別以為蕾絲只能製作服飾。這裡的相關商品，除了女性休閒服飾、裙子與褲子、婚禮禮服等之外，也提供不少生活雜貨，譬如桌巾、提袋、枕頭套等。Uluwatu官網有列出各種商品的價格，可先至網路瀏覽，看到喜歡的商品可先將它記下，到各分店時就能快速找到商品，減少尋找的時間。

Uluwatu蕾絲店各家店面風格一致(照片提供／Uluwatu Handmade Balinese Lace)

KOU CUISINE手工果醬與海鹽專賣店

- ✉ Jl. Monkey Forest, Ubud
- 📞 0361 972 319
- 🕘 09:00～20:00
- ➡ 烏布皇宮往斜對面Jl. Monkey Forest步行約4分鐘，位於左手邊
- ⌛ 0.5 hr
- MAP P.128

▲KOU CUISINE店面外觀

▲混搭口味的果醬引人好奇

　　KOU CUISINE於西元2008年創立，屬於烏布市區新興的商店，販售商品主打果醬與海鹽等，強調手工製作，裝潢走鄉村雜貨風格，布置溫馨潔淨。果醬瓶的包裝簡單，一瓶約110毫升，瓶罐上的貼紙，標示口味與成分，有效期限則標示於瓶底。果醬口味中，有結合兩種風味的特色果醬，像是鳳梨搭配芭樂、蘋果搭配肉桂、百香果搭配柑橘，若擔心味道不喜歡，可利用小棒子先試吃。

Sensatia Botanicals天然保養與沐浴用品

- ✉ Jl. Monkey Forest, Ubud
- 📞 0361 340 0011
- 🕘 09:00～22:00
- ➡ 烏布皇宮往斜對面Jl. Monkey Forest步行約2分鐘，位於右手邊
- ⌛ 0.5 hr
- http sensatia.com/id/
- MAP P.128

產品的包裝質感佳

　　Sensatia於峇里島有諸多分店外，新加坡、香港、日本與澳洲也有分店，商店主打保養與清潔用品。其營運理念是追求更為健康的生活方式，商品價位中等，以天然的原料製作，例如椰油、香茅、玫瑰、茶樹與檸檬等自然植物。保養護膚類的產品，主要有精油、乳液、乳霜、去角質等商品；沐浴用品的品項有香皂、液體皂、沐浴乳等，另外也提供臉部專用的商品，多元的品項適合找尋天然產品的遊客。

Sensatia商品陳列整齊

Sensatia店面外觀

特 色 餐 飲

環境佳餐點可口
Ibu Rai Restaurant

✉ Jl. Monkey Forest No.72, Ubud
☎ 0361 973 472
🕐 08:00～23:00
💲 主餐約Rp.7萬元起
➡ Jl. Monkey Forest街與Jl. Dewisita街交接處(一旁為大草地)
⏳ 1 hr
⁉ 團體用餐請提前預約
MAP P.128

私房推薦

▶Ibu Rai外觀

　　若想找個能團體聚餐,或有情調的用餐地點,不妨考慮Ibu Rai Restaurant。餐廳位在熱鬧的Jl. Monkey Forest路上,距離烏布皇宮不遠,從皇宮往南步行約5～8分鐘可達。Ibu Rai曾是峇里島知名飯館的老闆,她的兒子Dewa Gede為延續其拿手的經典佳肴,因此在1986年以母親之名於烏布市區開設餐廳,提供品質佳的亞洲美食,講究餐點擺盤與餐具的質感,色香味俱全。

　　除了餐點可口之外,餐廳的環境氛圍佳,擺設用心,保留島上傳統房屋的設計。若是開車或包車前往的遊客,記得提前找停車位,因為附近不好停車。

餐點精緻,擺盤講究

經典烤豬飯
Warung Ibu Oka

✉ Jl. Suweta, Ubud
💲 一份烤豬飯約Rp.4萬5千元起
➡ 位在烏布皇宮旁
⏳ 1 hr
⁉ 避開用餐巔峰時段,提前用餐以免客滿
MAP P.128

▲餐廳Ibu Oka位於烏布皇宮旁

　　峇里島主要信仰印度教,因此島上充滿各種豬肉料理,其中烤豬飯(Babi Guling)十分普遍,地位有如台灣滷肉飯。位在烏布皇宮旁的Ibu Oka,烤豬飯名聲響亮,但是售完為止,來晚了可能吃不到。烤豬飯除了白飯、烤豬肉與豬皮外,還會附上蔬菜,豬肉肉質軟嫩,不會過於乾澀,豬皮帶點脆度,有些嚼勁。特別注意店家會在上方淋上墨綠色辣椒醬,辣度不容小覷,不愛吃辣的朋友,請小心,不要一大口吃下辣椒醬。

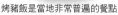
烤豬飯是當地非常普遍的餐點

147

到這裡品嘗Rijsttafel
Sri Ratih Café &Jewelry

📧 Jl. Campuan 1, Ubud

📞 0361 975 638

🕐 早餐07:00～11:00，午餐11:00～17:00，晚餐18:00～23:00

💲 一份主餐約Rp.6萬元起

➡️ 從烏布皇宮往西前進，經過餐廳Bridges後，左方岔路Jl. Raya Penestanan左轉

⏳ 1 hr

🌐 www.sriratih.com/page/cafe_and_jewelry/8

⁉️ Sri Ratih沿途為山路較偏僻，建議搭配導航搭車前往；團體用餐請提前預約

🗺️ P.128

Sri Ratih本身是家旅館，附設的餐廳Sri Ratih Café氛圍佳，為半開放空間，因為距離大馬路有一段距離，遠離喧囂，提供了用餐者靜謐的環境。餐點為道地料理與西餐，從早晨供應到晚間，

餐廳提供早餐與點心時刻
(照片提供／Sri Ratih Cottages)

▲主打多種峇里島式或印尼菜肴
(照片提供／Sri Ratih Cottages)

經濟實惠。除峇里島傳統料理外，也有印尼的經典美食，像是花生醬沙拉(Gado Gado)、炸鴨餐(Bebek Goreng)、沙嗲(Sate)、滷牛肉(Redang)等，更推出印尼的特色料理「Rijsttafel」，此道料理在過去為多人享用的豪華料理，而餐廳將菜肴精心設計為迷你版，供應雙人品嘗的機會，價格與其他餐廳相比更為平價親民。不想吃太多，餐廳亦有點心與飲料，以及單點的湯品或前菜沙拉可以自由選擇。

知 識 充 電 站

Rijsttafel餐點的由來

Rijsttafel是印尼經典美食，也是荷蘭菜融合當地飲食文化的最佳代表。過去在印尼的荷蘭人於聚會或重大活動時，想要享用豐盛氣派的餐點，故想出結合傳統印尼美食與歐洲宴會文化的做法，讓餐點從開胃菜、湯品、主菜以及甜點等，全部到齊，逐一品嘗，因此成就出Rijsttafel。

正式的Rijsttafel，其實是多道料理的綜合，滷牛肉、豆餅、蕉葉魚、沙嗲等道地菜肴應有盡有，十分豪華。傳統上這是6人以上享用的大餐，用餐時間也較為冗長，現在不少餐廳推出適合1～2人享用的迷你版套餐，分量雖小，但仍吃得到Rijsttafel的原有風味。

Rijsttafel套餐

Ubud

Kebun的點心飲品 (照片提供／Kebun Bistro)

迷人歐風小酒館
Kebun Bistro

- ✉ Jl. Hanoman No.44, Ubud
- 📞 0361 972 490
- 🕐 中餐11:00～15:00，下午茶16:00～18:00，晚餐17:00～23:00
- 💲 一份主餐Rp.8萬5千元起
- ➡ 烏布大街看見Hanoman街後右轉
- ⏳ 1 hr
- 🌐 kebunbistro.com
- ⁉ 從烏布皇宮步行有一段距離，建議搭計程車
- MAP P.128

西元2012年開始營業的Kebun Bistro，走普羅旺斯風格，是烏布市區的新興餐廳，雖然距離皇宮不近，但服務與餐點品質不錯，吸引不少饕客前往。白天可見植物與藤蔓的自然元素點綴餐廳建築，情調迷人，繼續往內走，可察覺不論外觀或室內，整體散發出一致的歐式風格，讓人感覺彷彿來到歐洲小酒館一樣。晚上的景致也不遜色，溫暖的燈光令人倍感溫馨，也添加了浪漫悠閒的風情。以歐式菜肴為主，前菜、沙拉、湯品、主餐與甜點等，選擇多樣，但不需點一整套，可自行搭配。若是想要喝下午茶，或吃點心搭配紅酒，餐廳也提供精緻可口的解饞餐點。

橋畔情調餐廳
Bridges Bali

- ✉ Jl. Raya Campuhan, Ubud
- 📞 0361 970 095
- 🕐 中餐11:00～17:00，晚餐17:00～23:00
- 💲 一份主餐約Rp.12萬元起
- ➡ 位在烏布橋Tjampuhan Old Brigde旁與柏藍戈博物館門口旁
- ⏳ 1 hr
- 🌐 bridgesbali.com
- ⁉ Rijsttafel套餐僅於11:00～17:00供應
- MAP P.128

位在橋旁的Bridges Bali，西元2010年重新整修前名為Bridge Café。坐擁橋與下方河景，用餐環境氣息浪漫，經過的人很難不注意到它的存在，也因為可邊用餐，邊欣賞橋景，因此成為眾多遊客覓食好去處。料理製作精心專業，以西式餐點為主，每道皆重視配色，亦提供Rijsttafel套餐。餐廳能直接眺望橋景的座位，最受歡迎，由於烏布的天氣不像庫塔悶熱，加上餐廳的遮蔭，微風吹拂時，涼爽舒適。

餐廳外觀(照片提供／Bridges Bali)

用餐時可欣賞橋景(照片提供／Bridges Bali)

嫩烤豬肋排
Naughty Nuri's Warung

- ✉ Jl. Raya Sanggingan, Ubud
- ☎ 0361 977 547
- 🕐 08:00～22:00
- 💲 一份烤豬排約Rp.13萬元(價格變動頻率高)
- ➡ 位在奈佳藝術博物館斜對面(見P.139)
- ⏳ 1 hr
- ⁉ 離烏布皇宮有一段距離，建議搭車前往
- MAP P.128

Naughty Nuri's餐廳是烏布地區烤豬肋排的熱門店家，門口的烤肉店員，用心烤著顧客們的豬肋排，比餐廳招牌還要顯眼，從遠方就能看見炊煙裊裊，近距離更能聞到香味四溢，讓人食慾大開。這裡的豬肋排，一份就是一大塊，胃口小的人，可以兩人同享。肋排肉質鮮嫩，切的時候不

▲豬肋排烤的滋滋作響

需特別用力，吃的時候搭配醬汁更是絕配。若覺得光吃肉有些單調，也有漢堡與三明治可選擇。

單點大塊豬排後，建議加點白飯或蔬菜搭配

Naughty Nuri's餐廳位於大馬路上

旅行小抄

售完為止，記得提早去吃

前面介紹烤豬飯與烤豬肋排，都是烏布廣為人知的熱門店家。容易客滿之外，有時經典餐點是售完為止，像烤豬飯通常會包含豬皮，若是豬皮沒了，就只會提供烤豬肉。而沒有吃到烏布皇宮的烤豬飯也沒關係，峇里島許多小吃店面與餐廳也有這道餐點，滋味也不亞於這間。

SPA 推薦

四手聯彈價格平實

Pertenin Body Care

私房推薦

- 📧 Jl. Jatayu, Padang Tegal Kelod, Ubud
- 📞 0361 972 834
- 🕐 09:00～20:00
- 💲 基本全身按摩1hr約Rp.12萬元起
- ➡️ 烏布大街往Alfa mart，至Jl. Sugriwa右轉，接著在Jl.Jatayu左轉
- 🌐 pertenin.com
- ⁉️ 房間數量不多，需提前預約；提供免費接駁服務(烏布市區範圍內，2人以上)，需提前告知
- 🗺️ P.128

▲Pertenin的房間數量不多，最好提前預約

▲四手聯彈雙倍享受

　　Pertenin價格親民，服務品質佳。一樓為櫃檯，選定好想使用的精油後，就到二樓更衣，準備享受療程，結束後提供熱茶飲用。整個Spa館的房間不多，主要為兩間雙人房與三間單人房，若兩人想要同一間房，記得在預定時註明。房間風格溫馨且可愛，乾淨整潔且隱密性夠，加上非位於大馬路上，附近環境不會特別吵雜。服務項目以按摩為主，也提供臉部與頭髮護理，雙人四手聯彈價格與其他Spa館相比，平價許多，推薦各位試試。四手聯彈重視兩人的默契，有時雙方同時在顧客的左右側進行相同的按壓方式，有時則會一前一後按摩頭部與腳，等於有兩倍的享受。倘若時間充足，也可考慮館內的套裝方案，時間2～4小時，價格划算，選擇多樣。由於此間Spa館不是位在烏布市區的知名街道上，且Spa館的位置對於初來乍到的遊客來說，不好辨識也較為難找，兩人以上前往的旅客，建議可提前告知需要接駁服務。

雙人房型

旅行小抄

Spa館接駁車

烏布市區有許多Spa館距離較遠，通常只要有2～4個人同行，部分商家會貼心提供接駁服務，因此在選擇Spa館時，可留意商家網站是否註明提供接駁服務，若沒有註明，不代表沒有提供，建議可打電話或email詢問。

Vive Salon & Spa

✉ Jl. Monkey Forest, Ubud
📞 0361 479 2678
🕐 10:00～22:00
💲 基本全身按摩1 hr約Rp.23萬元
➡ 位在餐廳Ibu Rai附近(見P.147)
🌐 www.vivebali.com
⁉ 需提前預約
🗺 P.128

走在Jl. Monkey Forest上，會看見一間充滿時尚感的店家，即為Vive Salon & Spa。這家店主要

▲環境乾淨空間剛好

Vive Salon & Spa外觀

的服務項目是美髮沙龍與指甲美容，全身按摩項目則簡單分為一般按摩、精油按摩與熱石按摩，並提供力道強與弱的選擇。也有針對腳、肩、頸、頭部的半小時按摩方案，想要調整加強的部位，也可告知服務人員。在烏布市區若不想跑太遠，可以考慮到此做Spa。

Sri Ratih Spa

✉ Jl. Campuan 1, Ubud
📞 0361 975 638
🕐 10:00～21:00
💲 基本全身按摩1 hr約Rp.46萬元起
➡ 從烏布皇宮往西，經過餐廳Bridges後，左方岔路Jl. Raya Penestanan左轉
🌐 www.sriratih.com/page/spa
⁉ 需提前預約；Sri Ratih沿路為山路較偏僻，建議搭配導航搭車前往
🗺 P.128

Sri Ratih Cottages有住宿也有Spa館。Spa服務優質專業，項目除按摩、去角質、足部護理與臉部保養等一般療程外，也有少見的特殊療法，如Aroma、Kusuma、Shirodhara、Tibetan Singing Bowl等。Aroma芳香療法屬溫和療法，強調嗅覺的紓緩，不同味道有不一樣的特性，

可針對不同的身體狀況進行放鬆；Kusuma為印度指壓按摩；Shirodhara是印度的草藥滴油療法；Tibetan Singing Bowl來自西藏，透過碗缽進行療程；去角質療程提供有機成分的去角質霜，讓肌膚更加光滑。若你喜歡在優質且高級的環境下進行Spa，不妨考慮到這裡享受一番。

房間偏向典雅精緻的峇里島風格
(照片提供／Sri Ratih Cottages)

去角質敷膜味道多樣
Sang Spa 2 私房推薦

- JI. Jembawan 13B, Padang Tegal, Kec. Ubud
- 0361 976 500
- 09：00～22：00
- 基本全身按摩1 hr約Rp.19萬元起
- 烏布大街沿著Alfamart方向，看到JI. Jembawan時右轉
- http www.sangspaubud.com
- 需提前預約；提供免費接駁服務(烏布市區範圍內，需提前告知)
- MAP P.128

▲服務人員可用簡單的英文溝通 ▼敷膜是館內熱門項目 (照片提供／Sang Spa 2)

這是一家當地知名的Spa館。按摩前會先請顧客填寫問卷，了解是否有哪些身體部位不想被碰觸、或是否有疾病等，再提供客製化調整。環境以竹林的元素點綴，打造樸素自在的風格，房間寬敞，採光與通風良好，按摩時服務人員也會適度關切，詢問力道可否接受。提供基本的按摩、去角質與臉部護理，去角質敷膜的味道多樣，椰子、香草、綠茶、巧克力等，也有峇里島傳統的辛香料敷膜(Boreh Mask)。

天然Spa空間
Pandan Wangi Spa

- JI. Monkey Forest, Ubud
- 0361 4792 518(度假村電話)
- 09:00～21:00
- 基本全身按摩1 hr約Rp.46萬元起
- 位於度假村Komaneka at Monkey Forest
- http monkeyforest.komaneka.com/pandan-wangi-spa.html
- 需提前預約。由於烏布不只一間Komaneka Resort，要特別留意此Spa館是位於Monkey Forest(猴林路上)度假村內
- MAP P.128

泡澡是Spa項目之一(照片提供／Komaneka at Monkey Forest)

Pandan俗稱香蘭或班蘭，為峇里島上常見的植物，除了用來烹調，也可做為Spa的香料成分。Pandan Wangi Spa強調天然與質感，對護膚產品十分要求，使用Babor相關的水療產品，希望帶給顧客高貴的體驗。Spa房間以自然植物造景，呼應會館的名稱。基本按摩服務之外，也提供Lulur和Boreh等道地的印尼療法。

▲店內擺設(照片提供／Komaneka at Monkey Forest)

中部周邊 Central Surroundings

一日遊時間安排

各個藝術村欣賞	2 hr
↓	
BCC峇里島文化中心	2 hr
↓	
象洞	1 hr
↓	
聖泉廟	2 hr

聖泉廟地圖

Pura Tirta Empul 聖泉廟
Jl. Tampak Siring
Jl. Tirta Empul
Jl. Tirta
Pangkon Bali

峇里島的知性遊程逐年增多，此為綠色村落

BCC峇里島文化中心的DIY體驗

位於坦帕西林的聖泉廟

巴杜布蘭Batubulan・澤魯克Celuk・巴杜安Batuan・馬斯Mas・孟威Mengwi・坦帕西林Tampak Siring・貝度魯Bedulu

   概況導覽

從南部庫塔前往中部的烏布時，沿途有許多特色村鎮，例如馬斯木雕村、澤魯克銀飾村以及巴杜布蘭的石雕等，這些村鎮一鄉一特產，將過去的傳統技藝持續發揚，至今仍製作著各自的獨特產品，成為知名的藝術村。許多包車或跟團的遊客，會被司機或導遊推薦到這幾個藝術村走走，除了購物，更可對各村的藝術文化有所了解。

到了烏布後，可別把時間都留在市區中，周圍地區仍有值得一探且擁有強烈意象的神廟，例如位在坦帕希林的聖泉廟，風景優美，廟裡的沁涼泉水吸引不少人體驗淨身；貝度魯的象洞，大型的面相石雕，令人歎為觀止；阿韻花園神廟，更是島上有名，範圍廣大，神廟旁流水潺潺，美輪美奐。悠久的歷史與深厚的藝術，造就峇里島獨特的文化之美，看過之後，會讓你更加認識島上傳統風俗，不枉此行。

綠色村落地圖

象洞地圖

知名石雕村
巴杜布蘭
Batubulan

➡️ 從南部前往烏布時會先經過巴杜布蘭，也可自行告知司機前往此地
⏳ 0.5 hr
🗺️ P.126

巴杜布蘭是知名的石雕村，各式各樣的石雕，陳列於街道兩邊，每件皆展現雕刻家的精湛雕工，並能感受其用心。石雕飾品有純粹作為門前或家中裝飾的欣賞石雕，也有用於流水造景的石雕，樣式多元豐富。不過由於

▲小型石雕造型精美也方便攜帶

石雕較重，不妨選擇小的石雕商品，攜帶方便，也可留作紀念。

石雕村沿路皆可看見石雕

師傅認真地工作
156

專賣小型銀飾
澤魯克
Celuk

➡️ 位在巴杜布蘭區的北方，開車約10～20分鐘
⏳ 0.5 hr
⁉️ 部分商家店內不許擅自拍照，必須經過同意
🗺️ P.126

澤魯克是屬一屬二的銀飾村，不若其他地方會把藝品直接擺設於路邊，這裡的街道上處處是店面，像是銀飾店、工作室以及藝廊等，一些銀飾店會展現加工過程，由專業技工親自示範如何製作，也會將手環、項鍊與戒指等各式銀飾，直接陳列於玻璃櫥窗中，此種銀飾店議價彈性大，可嘗試殺價。

技工們正在為銀飾加工

銀飾店的飾品款式應有盡有

峇里島重要畫派之地

巴杜安
Batuan

➡ 位在澤魯克北邊，往烏布方向
MAP P.126

峇里島主要有兩大畫派，一為烏布畫派，另一個即是巴杜安畫派，後者的繪畫風格以深色且密集的景致為特色。現今位於巴杜安區的商家，除了提供巴杜安畫

▲巴杜安沿途有多家藝廊

派的畫作外，也販售其他風格的畫作。若想要買一幅畫帶回國，記得先查查搭機時如何保存好畫作。

巴杜安神廟的露臺上方有不少圖畫

到木雕村尋找獨一無二的紀念品

馬斯
Mas

➡ 位在巴杜安北邊，往烏布方向
⏳ 0.5 hr
MAP P.126

當你看到街道旁陳列著大型木雕精品，就表示來到了馬斯木雕村。部分工作室有專業木雕師傅在一旁精心打造著木雕，準備做出獨一無二的專屬商品。商店宛如小型博物館，提供多樣化的巧思商品，從小精品到大雕刻品應有盡有，無論是裝飾品，或是實用性的商品，都可尋覓得到。

師傅專心刻著木雕

▲木雕面具是常見的紀念品選擇

旅行小抄

司機會推薦，若不要請拒絕
各個藝術村是由許多商家聚集而成，而包車司機通常有固定的往來商家，因此有時會推薦旅客去藝術村的某家店。若不知道自己想要去哪裡逛，不妨可聽司機的意見，省下找尋商家的時間。但若已有想去的商店，請直接告知名稱，並且強調去這家店即可。

聖泉廟
Pura Tirta Empul Tampaksiring

- ✉ Jl. Tirta, Tampaksiring
- ⏰ 09:00～16:00
- 💲 外國遊客一人Rp.1萬5千元
- ➡ 位在坦帕希林(Tampaksiring)，烏布市區的北邊方向
- ⏳ 1 hr
- ⁉ 入內需圍沙龍；若想體驗水池洗滌，告知服務人員，得到同意後請了解整個程序再進行
- MAP P.154

聖泉廟泉水為神廟的最大特色，相傳泉水可帶給人們財富與健康，加上神廟定期開放接觸泉水的機會，體驗精神洗滌，因此來到聖泉廟，有時可看到人群佇立於水池中，這樣的畫面在其他神廟比較少見，十分新鮮。水池另一側，是片碧綠色的特殊水景，乍看泉水似乎為靜止狀態，但仔細近看，會發現泉水其實是持續緩緩流動著。特別注意神廟有些區域會用架子隔開，代表禁

▲神廟水池顏色令人驚豔

▲當地民眾很喜歡來聖泉廟

止遊客進入。神廟旁的紀念品街，販售的商品與烏布市場大同小異，然而議價空間比烏布市場高，紀念品街道每拐一個彎，議價價格可能就會不一樣。

紀念品街的商品

旅行小抄

帶著虔誠的心進入聖泉廟浴池

聖泉廟的池水是神聖的，開放的用意是給民眾淨化心靈的機會，而非洗澡或游泳戲水。若是擔心不知道如何淨身洗滌，在排隊進行每一個程序時，可先觀察前方洗滌者的動作。

Central Surroundings

認識當地人文藝術
BCC峇里島文化中心
Bali Culture Centre

✉ Jl. Br Nyuh Kuning, Mas, Ubud
📞 0361 978144
🕐 09:00～17:00
💲 門票每人Rp.10萬元(含DIY體驗)
➡ 距離烏布市區車程約10分鐘，Jl. Hanoman往南行駛，接上Jl. Raya Pengosekan，遇見Jl. Br Nyuh Kuning右轉
⏳ 2 hr
🌐 www.baliculturecentre.com
⁉ 若是散客建議預約，導覽以基本英文會話或印尼語為主。BCC文化中心於Google導航中為Bali Classic Centre
🗺 P.155

▲參觀前一般會先看場迎賓表演

BCC峇里島文化中心，距離烏布市區車程不超過10分鐘，是個介紹峇里島文化的小型園區，將島上生活、節慶活動、藝術、舞蹈等傳統風俗濃縮於園區中，對於想要了解峇里島文化的遊客而言，是寓教於樂的景點。整座園區主要分為舞蹈觀賞區、傳統文化展示區以及DIY體驗區，各區造景漂亮，保留許多傳統建築，並且維護得不錯。

園區平常接待團客居多，散客可自行前往，在入口處購票後，會有解說員導覽，帶領遊客至舞蹈觀賞區，欣賞約5～10分鐘的傳統迎賓舞。

傳統文化展示區導覽人員會解說與當地生活息息相關的活動或技藝，像是皮影戲、傳統農業耕作用具、製作椰油以及相關節慶道具等。導覽告一段落，則會進行DIY體驗，有4、5種活動可做選擇，以簡單加工為主，譬如為雕刻品上色、編織籃子、蠟染等，每人僅能擇一體驗。

藝術中心保有古色古香的建築

蠟染體驗

傳統繪畫點綴神廟

巴杜安神廟
Batuan Temple

- ✉ Jl. Raya Batuan, Batuan, Sukawati
- 💲 自由捐獻
- ➡ 朝巴杜安(Batuan)方向前進，若從烏布前往約30分鐘
- ⧖ 0.5 hr
- ⁉ 入內需圍上沙龍
- MAP P.126

位於巴杜安區的巴杜安神廟，即便名氣不算大，仍有不少人會在由烏布返回南部時到此一遊。進入神廟前，記得要先至露臺上方索取沙龍，並將奉獻金放入捐獻箱。神廟門口矗立著大大的善惡門，是島上常見的設計，富有傳統意涵，神廟內部則是傳統建築，有著精美的雕刻。欣賞完神

▲善惡門設計美麗，富有傳統意涵

廟不妨再次回到露臺稍作休息，露臺的搭架上方有許多圖畫，呼應著巴杜安區為峇里島兩大畫派之一，繪畫風格特殊外，每一幅畫也各有不同故事意涵，是神廟的特色。

靜謐唯美的塔式神廟

阿韻花園神廟
Pura Taman Ayun (Taman Ayun Temple)

- ✉ Jl Ayodya, Mengwi
- 🕐 09:00～16:00
- 💲 外國遊客每人Rp.1萬5千元
- ➡ 往孟威(Mengwi)方向前進，馬路口有座白色大型雕像
- ⧖ 1 hr
- MAP P.126

阿韻花園神廟是峇里島的知名神廟，過去17世紀曾為孟威王朝(Mengwi)所有，現今開放遊客參觀。神廟中最特別的是擁有多座塔式神廟，通常塔的層數為奇

數位，而阿韻神廟的塔層最高為11層，代表著最崇高之意。神廟的動人美景是驅使遊客前往的原因，除了花園的景色，圍繞在神廟旁的流水、樹木及花朵，畫面迷人富有詩意，加上離大馬路有段距離，氛圍格外靜謐祥和。

▼塔式神廟造型為此神廟的特色

年代久遠的歷史遺跡

象洞
Goa Gajah

- ✉ Jl. Raya Goa Gajah, Bedulu
- 🕐 09:00～16:00
- 💲 外國遊客每人Rp.1萬5千元
- ➡ 位在烏布附近約5公里之處，車程約莫10幾分鐘
- ⏱ 1 hr
- ⁉ 入內需圍沙龍
- 🗺 P.155

Goa Gajah為烏布市區附近的神廟，Goa意指洞穴，Gajah為大象，因此又有象洞之稱。相傳象洞起源於11世紀，是佛教徒為了修行而建，西元1923年被發掘後，成為峇里島歷史遺跡之一。象洞令人印象深刻的，莫過於洞口大型的面相石雕，雕像表情生動，雕工精緻。洞口前方的兩座水池，則是考古學家於西元1954年才發掘到的，兩座水池共有6尊石雕，溫和慈祥的表情，與洞口石雕截然不同。由於遊客不多，不若其他知名神廟人潮擁擠，也因此得以保持寧靜，若是想到神廟，卻不想離烏布太遠，可至此處走走。

象洞雕像的表情生動，雕工精製

旅行小抄

市區以外的用餐選擇

中部的其他景點距離烏布市區或庫塔的車程，基本上不會超過一小時，且大部分人會把這裡當作往返中部與南部時的順遊景點，不會停留過久，因此往往還是會選擇回到市區用餐。

相較於烏布市區，中部其他村鎮的餐廳以道地印尼菜居多，裝潢較為樸實，菜色精緻度也不若市區講究，不過仍然有些景觀與田園餐廳，環境氣氛不錯，不妨列入考慮。如果希望用餐選擇多元豐富，或是吃膩了印尼菜，建議回到市區再做打算。

西元1954年考古學家挖掘到的水池，上方為6尊表情慈祥的石雕

161

綠色村落(Green Village)——自然知性遊程

✉ Jl. Tanah Ayu, Sibang Gede, Abiansemal
📞 0811 392 2254
🕐 早上行程從10:45開始,下午行程從12:30開始
💲 套裝行程每人約$20起 (不同行程價格不同)
➡ 從南部前往烏布途中,位在Abiansemal區
⏳ 套裝行程為半天
http greenvillagebali.com/about/green-village
⁉ 參觀需提前預約。地點較難尋找,需做好準備(詳見旅行小抄)
MAP P.155

▲竹子工廠製作各式用具

遊程介紹

　　綠色村落提供的行程分為上午與下午。行程的價格會因是否供餐、假日或平日等有所差異,可事先上網查詢,選出想參加的時段與日子。以下為平日早晨的行程,活動可能會隨當天情況調整順序。

　　峇里島關於親近自然並帶有教育性質的知性活動逐年增多,綠色村落(Green Village)即為其中之一。以竹子為主題,提供半日遊程,內容包括到竹子工廠(Bamboo Factory)了解竹製品的製作,在綠色村落欣賞大型竹屋建築等,讓遊客深入了解竹子的運用與特性,增長見識。

綠色村落平日上午行程

集合與繳費 ➡ 拜訪竹子工廠 ➡ 參觀綠色村落

旅行小抄

尋找地點有訣竅

此處不是島上的熱門景點,因此包車司機可能不知道確切地點,建議務必在出發前與綠色村落聯繫,請他們提供切確的地點資訊,再配合導航,並記下綠色村落的電話,以便司機聯絡。前往時,沿途的指標僅在大路口才會看得到,越靠近綠色村落,指標越少。

綠色村落住宅裡外皆為竹子製品

- 綠色村落(Green Village)

　　由數個大型竹屋建築組成，每個竹屋從裡到外皆為竹子打造，凡是印入眼簾的桌椅、地板、櫃子及廁所等皆是，將竹製品發揮到淋漓盡致，為這裡的最大特色。提供短期租屋，以家庭式的房型為主，吸引嚮往親近自然的人們前來。

- 竹子工廠(Bamboo Factory)

　　工廠人員會為遊客詳細講解竹製品的製作過程，從竹子運送到工廠，到完成製品的完整程序，並且分享製作竹屋的情況，工廠內沒有開放拍照，此部分需特別留意。

村落提供餐飲服務

透過竹子強調回歸自然的概念

提供短期租屋，適合嚮往自然的遊客

特色餐飲

在田園間享用印尼菜
Pangkon Bali

- ✉ Br. Basangambu, Desa. Manukaya Kecamatan Tampaksiring Kab (Jl. Tirta路上)
- ☎ 0812 3712 5577
- ⏰ 08:00～20:00
- 💲 平均每人約Rp.4萬元起，組合套餐約 Rp. 9萬元起
- ⏳ 1 hr
- http pangkonbali.baliklik.com
- ⁉ 若要定位導航建議使用餐廳名稱尋找，餐廳地址無法精確找到目的地
- MAP P.154

Pangkon是位於聖泉廟附近的熱門餐廳之一，入口彷彿進入林中小徑，用餐區坐落田園間，猶如到農村人家中作客。各個用餐位子運用小亭子將顧客分開，營造悠閒氛圍外，也不會互相打擾；亭子的遮蔭效果不錯，中午用餐不會感到過度悶熱。

餐點以傳統印尼菜為主，分為套餐式與單點菜色，套餐供應湯、飯、主餐肉類、蔬菜等，分量不小，亦貼心提供素食套餐，

▲服務人員態度親切

將原本的肉類沙嗲，運用豆製品取代，讓蔬食者可盡情用餐。胃口較小的遊客，可選擇單點，如炒飯、炒麵、沙嗲等，自行搭配菜色。由於餐點非百匯方式，以現點現做居多，若是當天顧客較多，可能需等候一段時間。來到這裡，不妨將視線移到前方，朝稻田景色望去，沉浸於遠離塵囂的田園風情中。

▼餐廳位於田園中

▼各個座位的間隔清楚，互不干擾

▼椰子的果肉軟嫩

住宿情報

中部地區住宿小叮嚀

● 若飯店離烏布市區較遠，確認是否有接駁

部分飯店與烏布皇宮有段距離，通常提供固定時間的接駁車，方便遊客前往市區。

● 稻田多，防蚊措施要做好

烏布地區的稻田比庫多出許多，蚊蟲類也相對增加。對於蚊蟲較為敏感的遊客，記得攜帶防蚊物品。

● 藍鳥計程車少，大都為私家車

烏布市區計程車不多，藍鳥計程車更是少，大部分為私家車。私家車司機常沿路招攬，價格比計程車貴一點。若不想一直花錢搭車，建議住宿地點選擇市區內。

受外國遊客好評
Ubud Village Hotel

✉ Jl. Monkey Forest, Ubud
☎ 0361 975 571或0361 978 444
$ 雙人房每晚約$100起
➡ 位於猴林路上，若從烏布市場前往，沿途會經過Ibu Rai；位於Komaneka at Monkey Forest斜對面
http www.theubudvillage.com/theubudhotel
⁉ Ubud Village分為度假村(resort)與飯店(hotel)，度假村離烏布市區較遠，這裡介紹位於猴林路上的飯店
MAP P.128

飯店的下午茶餐點

　　Ubud Village營業已有一段時間，深受外國遊客好評。分為度假村與飯店，若想投宿烏布市區附近，Ubud Village Hotel是較佳的選擇。房型分為豪華房(Deluxe)、尊貴豪華房(Premier Deluxe)、套房(Junior Suite)，布置精心宜人，風格優雅。飯店主要由峇里島在地居民經營，因此也將在地建築常使用的格局與布置運用在飯店中，入住時不妨細細欣賞。

享用下午茶的地點可眺望遠方景致

房間舒適宜人

現代峇里島風套房與Villa
Komaneka at Monkey Forest

✉ Jl. Monkey Forest, Ubud
📞 0361 4792 518
💲 套房每晚約$270起；Villa房型約$360起
➡ 位於猴林路上，若從烏布市場前往，沿途會經過Ibu Rai；位於Ubud Village Hotel斜對面
🌐 monkeyforest.komaneka.com
⁉ 烏布市場不僅一間Komaneka，請留意此間位於猴林路(Jl. Monkey Forest)
🗺 P.128

　　Komaneka是由3～4間分館組成的系列度假村，分散於烏布市區的不同路上，主打高品質，價位也較高。位於巷弄，避開了猴林路喧鬧的吵雜聲。戶外的植物造景，宛如一座花園，大廳有書籍刊物供客人翻閱。值得一提的是，這裡有座小型藝廊，旅客可入內參觀展示的藝術作品。房型主要為套房與Villa，走現代峇里島風格，空間寬廣，不使用太多物品點綴。Villa有私人泳池，隔間清楚。附設餐廳與Spa館。

Villa房型泳池(照片提供／Komaneka at Monkey Forest)

木藝品營造沉穩氛圍
Sri Ratih Cottages

✉ Jl.Campuan 1, Ubud
📞 0361 975 638
💲 雙人房每晚約$85起
➡ 從烏布皇宮往西，經過餐廳Bridges後，左方岔路Jl. Raya Penestanan左轉
🌐 www.sriratih.com
⁉ Sri Ratih沿路為山路較偏僻，需要一些體力與時間，建議搭配導航搭車前往
🗺 P.128

　　Sri Ratih接待客人的態度親切溫暖，讓顧客一來就能放鬆心情，消弭陌生感。房型多元且具特色，隨著空間大小與設備不同，價格也從中等至中高價位調整，滿足不同客群。房間風格沉穩內斂，充滿峇里島木藝品，用木門雕花、雕刻品、木製家具等營造令人安心自在的氛圍。內有餐廳與Spa館，也在餐廳的櫥櫃中展示珠寶飾品。提供瑜珈課程、峇里島式拜拜教學、一日遊與婚禮規畫等貼心服務。

房間內部環境(照片提供／Sri Ratih Cottages)

樸實鄉村風格
Ananda Cottages

- ✉ Jl. Raya Campuhan, Ubud(與Jl. Raya Sanggingan銜接)
- ☏ 0361 975 376
- 💲 雙人房每晚約$85起
- ➡ 位在奈佳藝術博物館附近
- http www.anandaubud.com
- ⁉ 提供定時的接駁服務,早上下午皆有固定車次,可與櫃檯人員確認時間
- MAP P.128

若想體驗入住峇里島傳統房屋,身處田園鄉村中,感受道地的生活,那麼可把Ananda Cottages列入考慮名單。Ananda走樸實的鄉村風格,房間以木頭打造,古色古香,潔淨寬廣,床墊軟硬度適中。早晨不妨到稻田中遠眺綠油油的景色,幸運的話能看到當地人殷勤工作、可愛鴨群穿梭田間的畫面。

坐落山林間
Beji Ubud Resort

- ✉ Jl. Raya Sanggingan, Ubud,
- ☏ 0361 971 166
- 💲 雙人房每晚約$85起
- ➡ 位在奈佳藝術博物館附近
- http www.bejiubudresort.com
- MAP P.128

Beji度假村距離烏布市區約2.5公里,若只是從入口路過,並無法感受其別有洞天的驚喜感。坐落山林間,風景遼闊,房型以雙人房與家庭式為主,將兩種類型區隔開,減低彼此的干擾。早餐供應豐富的百匯餐點,以印尼式與西式早餐為主。泳池四周自然景色優美,為一大特色。

環境清幽收費平實
Kampoeng Joglo Abangan Villa Ubud

- ✉ Jl Raya Ubud, Ubud
- ☏ 0361 4792 041
- 💲 雙人房每晚約$70起
- ➡ 位在神廟Pura Dalem Ubud附近,距離烏布皇宮步行不超過10分鐘
- http kampoeng-joglo-abangan-ubud.com
- ⁉ 入口處為山坡路。旅館名字有些長,若是司機不知道地點,可打電話詢問商家
- MAP P.128

Kampoeng位處小山坡,環境清幽,夜深時格外寧靜。房間風格簡約大方,空間寬敞、整潔,雖然沒有提供廚房與餐廳,但因收費平實,仍吸引不少旅人。戶外即有一處稻田,四季各有不同景色,若剛好於稻米結穗時期前來,畫面更是美不勝收。

北部地區 North Bali

北部地區地圖

■ 新葛拉加Singaraja

■ 羅威那Lovina

雙子湖
Danau Buyan·
Danau Tamblingan

金塔瑪尼 **Kintamani**
巴杜爾火山Gunung Batur

百度庫Bedugul

嘉帝路維梯田Jatiluwih

德哥拉朗梯田
Tegallalang

◉ 烏布Ubud

梯田・雙子湖・巴杜爾火山

金塔瑪尼Kintamani・百度庫Bedugul

 概 況 導 覽

前往北部地區，路途有如翻山越嶺一般，車子行駛於山丘中，爬上爬下，氣候也隨著海拔高度，感覺越發涼爽，儘管是正中午，若處於遮蔭處仍是有些陰涼。北部的景點，以豐富的自然奇景為特色，蘊藏島上不少的絕佳景致，雖然路途有些遙遠，但給予人的驚喜與讚嘆，沒有前往是無法體悟的。景觀獨特的巴杜爾火山、依山傍水的布拉坦湖神廟、相互依偎的雙子湖、壯觀遼闊的嘉帝路維梯田等，都擁有不同特色。北部景點

▲當地好吃的黃色玉米

周圍大都有不少景觀餐廳，讓人用餐時盡情享受美景。總而言之，越往北部走，鬧區的塵囂與人潮越是褪去，取而代之的畫面，是單純寧靜的鄉村風情。若想徜徉於大自然，沉醉於山、湖與田野的美麗，走一趟北部景點，相信會更能體驗峇里島的天然之美。

峇里島植物園也是北部地區的觀光重點

布拉坦湖神廟

度庫區地圖

布拉坦湖Danau Bratan

Jl. Raya Candi Kuning- Bedugul

峇里島植物園
Kebun Raya
Eka Karya Bali

布拉坦湖神廟
Pura Ulun Danu Bratan

冒險公園
ali Tree Top
lventure Park

香料傳統市場
Bedugul Market／
Pasar Candi Kuning

Taman Sari

一日遊時間安排

嘉帝路維梯田	1.5 hr
布拉坦湖神廟	1 hr
百度庫香料市集	1 hr
植物園	1.5 hr

※請額外預留車程時間。從烏布前往北部約1.5 hr，若從南部庫塔區出發，所需時間更長

169

湖光山色綺麗動人

布拉坦湖神廟
Pura Ulun Danu Bratan

✉ Pura Ulun Danu Bratan, Bedugul,
  Kabupaten Tabanan
🕒 09:00～17:00
💲 外國遊客每人約Rp. 5萬元
➡ 位於百度庫(Bedugul)區，香料市集附
  近，車程約5分鐘
⏳ 1 hr
🗺 P.169

　　位於百度庫(Bedugul)的布拉坦湖距離烏布市區約莫一小時多即可抵達，是觀光熱門景點。從入口處無需走太久，布拉坦湖即印入眼簾，沿路種植景觀植物，襯托湖的美麗。布拉坦湖湖面廣闊，後有小山，景色動人，尤其當徐徐微風吹動湖面產生波動，加上太陽照射，更添加波光粼粼的動態之美。

　　坐落於湖水中的神廟，與當地信仰息息相關，是布拉坦湖的重要地標。島上居民會在山、湖、海等自然地點建立神廟，而湖水神廟是建立於西元1634年，乾季與雨季風貌截然不同。乾季水位低，廟前會露出乾涸的陸地；雨季時節，水面上漲，豐沛的湖水讓湖景更富詩意。

旅行小抄

5萬元紙鈔的驚喜

除了是明信片的常見景點外，湖水神廟的風景也出現在印尼5萬元紙鈔上。來到布拉坦湖神廟時，不妨拿出5萬元印尼紙鈔，核對紙鈔圖案與真實樣貌有何差別，也可拿著合影留念。

印尼盾5萬紙鈔

雨水豐沛時神廟彷彿矗立於湖面上

見識島上的蔬果與香料

百度庫香料傳統市集
Bedugul Market／Pasar Candi Kuning

✉ Jl. Raya Candikuning, Baturiti, Tabanan Regency
🕐 擺攤約07:00開始，收攤約16:00
➡ 位在布拉坦湖附近
⏳ 1 hr
🗺 P.169

百度庫市集由於位在崁迪庫寧(Candikuning)區，因此又稱Pasar Candi Kuning，不少人也叫它香料市集。市集以販售蔬果、香料與零食小吃居多，也有部分商家販售紀念品或生活飾品。若

市集內聚集玉米小販

對購物沒有太大慾望，不妨買支玉米，峇里島的玉米結實飽滿，味道也挺甘甜，價格不會太貴，可解解嘴饞。

峇里島人信仰印度教居多，然而在逛此市集時，會發現居民以回教徒居多，不少婦女帶著頭巾穿梭市場，附近有清真寺，若剛好於禱告時間來此，會聽到清真寺播放的禱告聲，感覺像是來到一個小型回教世界。

市集內販售各式香料

攤販販售當地點心與水果

知 識 充 電 站

貢品盒作法

峇里島貢品盒(Canang Sari)是家家戶戶每天必定使用的小盒子。可至市場購買材料製作，也可購買現成品，而部分當地人會在家裡種植這些植物，直接在家製作。做法大致如下：1.用椰子葉摺出盒子的形狀，透過竹籤固定。2.底部放入乾枯的葉子。3.中間擺放鮮豔的花朵。4.頂端放置綠色小草。5.將貢品放於供奉之處。

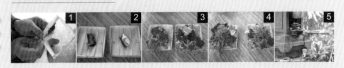

峇里島植物園
Kebun Raya (Eka Karya) Bali

- ✉ Jl. Kebun Raya Eka Karya, Candikuning, Baturiti, Tabanan
- 🕐 08:00～18:00
- 💲 外國遊客每人約Rp.1萬8千元；停車費約Rp.6千元
- ➡ 位於香料市集附近，車程約5～10分鐘
- ⏳ 1.5 hr
- 🌐 kebunrayabali.com
- ⁉ 園區占地面積廣，建議可開車遊園，有興趣的地點再下車觀賞
- 🗺 P.169

此雕像為植物園地標

簡稱為Kebun Raya Bali的植物園成立於西元1959年，園區面積約157公頃，植物多元豐富，約有2,000多種，是峇里島生態環境教育的重要資源。植物園中的蘭花區、仙人掌區和蓮花園等都是知名展示區，各有不同特色與造景，可觀察到各種植物的型態。園區內綠地面積廣，加上門票親民，因此常見當地人來此野餐或參觀，成為假日休閒的好去處。

冒險公園
Bali Tree Top Adventure Park

- ✉ Jl. Kebun Raya Eka Karya, Candikuning, Baturiti, Tabanan
- 📞 0361 934 0009
- 🕐 09:30～18:00
- 💲 外國遊客每人約$25～28起；10:00前入場或透過網路預訂皆有優惠
- ➡ 位在峇里島植物園內
- ⏳ 2.5 hr
- 🌐 www.balitreetop.com
- 🗺 P.169

位於植物園中的冒險公園，具有多樣探險設施，並針對不同年齡與身高，打造不一樣的設施，如溜索、獨木橋、飛狐、鞦韆、蜘蛛網等，讓參與者玩得盡興。對於喜愛從事野外探險活動的遊客而言，除了可以在此活動

筋骨，展現體能外，還可穿梭於樹林間，彷彿於大自然探險般有趣。活動前，記得仔細聆聽服務人員的介紹與指示，做好自身防護，每個動作與程序都要確實，才能確保安全。

冒險公園的探險設施多

North Bali

活火山下的自然奇景

巴杜爾火山
Gunung Batur

- ✉ Jl. Raya Penelokan,Batur Tengah,Kintamani,Kabupaten Bangli
- 🕐 外國遊客每人入山通行費約Rp.4萬元；路邊停車費約Rp.2千元
- ➡ 往金塔瑪尼(Kimtamani)方向，朝Jl. Raya Penelokan前進
- 🕐 1 hr
- ⁉ 到火山的路不只一條，通常司機會視當天車況，調整路線，只要告知的目的地無誤，應可順利抵達
- MAP P.170、177

位在金塔馬尼(Kimtamani)的巴杜爾火山，為島上著名火山景點，海拔約1,700多公尺，氣候稍微冷涼。在觀景臺遠眺火山時，遼闊的自然景色，涼爽的微風，讓人心情紓緩。仔細觀看火山從頂端綿延至下方的區域，會發現翠綠山林中，夾帶著大片黑色區塊，可別以為是雲層陰影，黑色部分是過去火山爆發後，岩漿侵襲過的痕跡。火山旁的巴杜爾湖，是火山生態系的重要元素，

▲許多遊客來到火山景觀臺欣賞壯闊美景
▼前往火山沿途可見水果攤

也是附近居民生活的重心。部分遊客不甘於遠處欣賞，選擇在湖邊投宿，近距離感受巴杜爾火山風貌。火山觀景臺有提供資訊看板，能夠對巴杜爾火山的歷史與資訊更加了解。

知識充電站

巴杜爾火山介紹

巴杜爾火山是座活火山，據說首度爆發是在西元1800年，之後陸續爆發了20幾次，其中以西元1963年最為猛烈，帶來嚴重破壞；最近一次爆發是在西元2000年，目前當地政府仍持續觀察火山的動態。

173

雙子湖
Danau Buyan·Danau Tamblingan

✉ Danau Tamblingan / Danau Buyan,
   Munduk

➡ 往孟都克(Munduk)方向，沿途會經過布
   拉坦湖與香料市場

⏳ 1.5 hr

MAP P.170、175

沿途有小亭子可欣賞雙子湖

峇里島的湖泊中，除了布拉坦湖與巴杜爾火山湖之外，北部的雙子湖亦是名勝佳景。由兩湖組成，分別為Danau Buyan和Danau Tamblingan，中間雖被山林阻隔，不過站在高處欣賞時，仍可同時眺望，盡收雙湖美景。若不甘於只是遠眺，可驅車來到湖畔，一些遊客會在此露營，享受天然純粹的原始風光。湖邊佇立著一座傳統神廟，其外圍是高聳的拱門，散發出歷史的斑駁感，襯托著湖面景色，令人陶醉。

湖邊舉辦的小朋友繪畫活動

雙湖風光盡收眼底

North Bali

湖邊的神廟

有些遊客會選擇到雙子湖畔露營，享受大自然

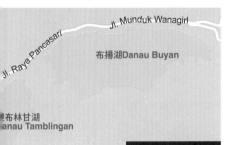

Jl. Munduk Wanagirl

Jl. Raya Pancasari

布揚湖Danau Buyan

布林甘湖
anau Tamblingan

雙子湖地圖

　　雙子湖距離烏布市區較遠，大約需要1.5小時車程，若想近距離欣賞湖面，會需要花更多時間，因此大多數遊客會選擇從高處觀賞雙子湖，對於時間有限或已看過其他湖泊近景的遊客，建議遠眺即可，省下時間參觀其他景點。

梯田區
層層疊疊好風光

$ 部分地區會索取停車費與入山費，停車費約Rp.6千元起，入山費約Rp.4萬元起

⌛ 1.5hr

⁉ 梯田範圍大，每個導遊或司機帶去觀賞的地點可能不同

MAP P.170、177

▲觀看梯田時請小心行走

峇里島梯田面積廣大壯觀，風景美麗，放眼望去層層堆疊的綠油油稻田，令人感到清新舒暢。其中以德哥拉朗(Tegallalang)與嘉帝路維(Jatiluwih)梯田最為出名。

德哥拉朗(Tegallalang)

距離烏布不遠的德哥拉朗，由於易達性高，吸引眾多的遊客到此一睹風采。進入梯田區停好車後，沿著大家行走的路線，即可找到觀賞梯田的最佳位置。整個德哥拉朗梯田，並無限制一定要在哪個區域觀賞，可以遠觀，也可近距離到梯田裡走走。雖然會穿雜一些樹木，但視野不會受到阻礙，於高處往下俯瞰，特別有立體感。於梯田中走動時，別忘了抬頭往上看，感受德哥拉朗的壯闊。

德哥拉朗梯田

▲嘉帝路維梯田景致

嘉帝路維(Jatiluwih)

　　嘉帝路維各時節風貌不同，從插秧、結穗、收割、整地等階段，景色獨特，一望無際，幸運的話，可看到農人耕作的畫面。通常2～4月是綠油油的田野風光，5～6月是結穗期，7～11月則是收割時節。

梯田分布圖

巴杜爾火山
Gunung Batur

布拉坦湖
Danu Bratan

嘉帝路維梯田
Jatiluwih

德哥拉朗梯田
Tegallalang

烏布Ubud

旅行小抄

梯田之旅二擇一

通常到峇里島旅遊，大都不會超過一週時間，甚至可能少於5天，若想從這兩個梯田二選一，建議以德哥拉朗為優先，因為此梯田距離烏布市區車程僅約半小時，加上德哥拉朗梯田較為聚集，拍照效果會較有層次。不過，若有機會前往北部區域，在回程的路途中，亦可安排參觀嘉帝路維梯田。

近觀嘉帝路維梯田
Billy's Terrace Cafe

- ✉ Jatiluwih, Penebel, Jatiluwih, Tabanan, Kabupaten Tabanan
- ☎ 0851 0190 1901
- ⏰ 08:00～17:00
- 💲 百匯價格每人約Rp.12萬元
- ➡ 位於嘉帝路維梯田區。若使用導航可嘗試輸入店名定位
- ⏱ 1 hr

　　峇里島的自然景區附近普遍存有景觀餐廳，而在國際知名的嘉帝路維梯田區旁，當然也少不了。從Billy's Terrace Cafe望向嘉帝路維梯田，可不是遙遠的距離，而是近在眼前，故常有遊客前來用餐。菜色以百匯自助式為主，基本的印尼經典美食，如沙嗲、炒飯炒麵、蔬菜等，讓顧客盡情用餐。選擇坐位時，別錯過靠近外圍的座位，才能將梯田的風光一覽無遺。飽餐一頓後，也別忘了走入梯田，近距離感受嘉帝路維的壯觀與自然。

用餐時可觀賞梯田風光

旅行小抄

北部景點沿途餐廳

前往北部自然景點的沿途上，不乏有各式各樣的餐廳，這些餐廳一般主打山景、湖景或是自家田野風景，也因如此，價格往往比一般餐廳貴些。不少餐廳因為常接應團客，所以會採取百匯的方式供餐，散客前往也別擔心，附近也有可單點的餐廳。若是包車來到北部，司機可能會推薦一些用餐地點，這些商家大都與司機有合作，如果沒有特別想法，不妨嘗試；但假設有確定想去的餐廳，請明確告知司機。

餐點以百匯為主

用餐空間寬闊

德哥拉朗梯田景觀餐廳
Teras Padi Cafe

- ✉ Jl. Raya Tegallalang, Tegallalang
- ☎ 0361 901 258
- ⏰ 10:00〜17:30
- 💲 飲品或點心每人約Rp.2萬元起
- ➡ 位於德哥拉朗梯田區
- ⏳ 1 hr
- http teraspadicafe.com
- ⁉ 下午時段十分熱門，建議先預約

餐點可見印尼點心

Teras Padi Cafe餐廳為開放式空間，沿著山坡順勢而下，建造一排排的小亭子，亭子搭建簡單

Teras Padi Cafe可通往德哥拉朗梯田

自然，原始茅草屋頂搭配竹柱的設計，與遠方的梯田毫不違和。不少人選擇在下午前來，一來是陽光較不強烈，二來是可邊欣賞梯田邊享用點心。餐點以印尼式與西式為主，飲品則有特調、果汁、咖啡與茶類等，點心有甜食，也有一些鹹的開胃點心，因為氛圍與餐點不錯，頗適合喜好吃下午茶度過悠閒時光的遊客。此外，餐廳也提供可做為主餐的餐點。

百度庫區印尼傳統菜餐廳
Taman Sari Rumah Makan

- ✉ JL. Raya Bedugul, Tabanan
- ☎ 0812 3709 2020
- ⏰ 08:00〜21:00
- 💲 平均每人約Rp.4萬元起
- ➡ 位於百度庫區，距離布拉坦湖車程約5分鐘；若使用導航，建議使用餐廳名稱和Bedugul搜尋定位
- ⏳ 1 hr
- MAP P.169

▲可提供單人份餐點

▲Taman Sari外觀

Taman Sari餐廳分為室內與戶外區，推薦選擇半露天的戶外空間，可盡情欣賞山丘的綠色景致，但因氣溫會有些冷涼，記得帶著薄外套，以備不時之需。百匯餐點僅在接應團客時才會供應，其他時間則以單點為主，菜色主打印尼傳統料理，炒飯、沙嗲、花生醬沙拉(Gado Gado)、黃豆豆餅(Tempe)、Soto湯等，其中炒飯的接受度高，飯粒帶有大火快炒的香氣，搭配蝦片，增加口感的層次，值得一試。

離島區 Islands near Bali

Gili
Trawangan Gili
Meno

Gili Air

吉利三島   龍目島

令佳尼火山Gunung Rinjani

聖吉吉Senggigi

馬他朗市區Mataram

陶藝村
Banyumulek   紡織村Sukarare

龍目島機場
Lombok Airport

莎莎克部落Sade

龍目島與吉利三島地圖

跳島浮潛‧回教文化‧原民部落

龍目島Lombok‧吉利三島Gili Islands

概 況 導 覽

　　峇里島附近離島的旅遊人氣與日俱增，位在東邊的龍目島(Lombok)即是新興景點。龍目島為印尼群島之一，屬於西努沙登加拉省，目前尚未有大量遊客湧入，也未見過度開發，受人為破壞的程度較小，也因此受到遊客青睞。

▲小吃攤販

　　龍目島充滿印尼回教徒的文化風情──島上可見清真寺、披戴頭巾以及不吃豬肉等習俗，而原住民「莎莎克族」亦為代表文化。另一個觀光重點是浮潛，龍目島周圍的小島皆蘊藏瑰麗的海底風光，以吉利三島為主要浮潛區域，有些人會選擇投宿吉利三島，在淺灘處就可直接欣賞迷人的海洋生態，也可能會看到海龜。整體而言，龍目島的美麗是峇里島上無法體會的，若時間足夠，非常推薦將龍目島納入行程，體驗不一樣的感動。

離島行程安排

　　往返龍目島或吉利三島的船班，大都是中午前出發或離開，建議可以在島上留宿，從容感受當地風情。

二日遊時間安排

Day 1	前往吉利小島(Gili Trawangan) → 吉利三島跳島浮潛
Day 2	吉利小島大街 → 海龜保育中心 → 返回峇里島

三日遊時間安排

Day 1	前往龍目島 → 莎莎克族部落半日遊
Day 2	吉利島三島跳島浮潛一日遊
Day 3	Kebon Roek傳統市場 → 聖吉吉海灘大街 → 返回峇里島

▲背上刻著龍目島的海龜陶土

181

船班資訊

　　主要有快艇與渡輪兩種船，渡輪花費的時間較長，在此僅介紹快艇。可至峇里島東部Padang Bai(亦作Pagangbai)碼頭搭乘快艇(從烏布或庫塔前往碼頭，不塞車車程約1.5～2小時)。碼頭有許多快艇商家，可現場購票，但較為保險的作法是提前向旅行社預訂。透過旅行社預訂船票後，來到碼頭時，需與快艇商家領取登船證，並帶領搭船。特別留意，快艇商家招攬的人數若未滿，會與其他商家湊成一團出船，因此來到碼頭後，請主動向商家再次確認船班。部分快艇商家會提供飯店來回接駁，可事先詢問是否提供接駁。

吉利三島適合浮潛

Kebon Roek傳統市場

- 快艇商家網站

MAHI MAHI DEWATA
http mahimahidewata.com

Sindex fastboat
http www.sindexfastboat.com

- 套裝行程商家網站
  (可由旅行社代訂，或現場購買)

Lombok Travel Agent
http www.lomboktravelagent.com

Lombok Travel Asia
http www.lomboktravelasia.com

旅行小抄

龍目島與藍夢島大不同

龍目島(Lombok)與藍夢島(Lembongan)皆是離島，前者位於峇里島東邊，後者在南邊，兩座島的面積也差很大。但是由於拼音類似，在預購行程與船票，得特別留意別弄錯了。

龍目島聖吉吉海灘碼頭

熱門景點

一望無際波光粼粼

聖吉吉海灘
Senggigi Beach

➡ 位於聖吉吉碼頭旁
⏳ 1hr
⁉ 玩水請注意自身安全
🗺 P.184

聖吉吉海灘旁的美味海鮮料理

聖吉吉海灘碼頭，是遊客往返峇里島與龍目島的交通樞紐，下船後步行不到3分鐘，就可走到繁榮的聖吉吉大街，而附近的飯店與度假村，是住宿的主要選擇。聖吉吉海灘靜謐，搭配一旁的小船，更添優閒意境。這裡水質頗為清澈，會游泳的人要把握機會下水玩玩。

海灘旁的各家餐廳擺出桌椅

海灘有時會出現行動攤販

聖吉吉海灘是交通樞紐，因此停靠了不少船家的小船

183

離島　龍目島．吉利三島——熱門景點

聖吉吉海灘

聖吉吉大街
Jl. Raya Senggigi

- ✉ JL. Raya Senggigi, Senggigi, Lombok
- ⏰ 商家約09:00起營業，約21:00結束營業
- ➡ 位於聖吉吉海灘旁
- ⏳ 1.5 hr
- ➡ 街上會有旅行社招攬生意，若無興趣則走過即可
- MAP P.184

聖吉吉大街的小藝術市集街

龍目島觀光大街的商家密集度雖然不如峇里島，但商品選項仍然不少。從碼頭走到聖吉吉大街，兩側有商店、餐廳與伴手禮店等，也有幾間價格適中的Spa館。聖吉吉大街有個小型藝術市集街(Art Market)，假日會定期舉辦小型活動，市集街上有伴手禮店與餐廳，有些海灘餐廳推出戶外座位，吸引顧客上門。

藝術市集街廣場在重大節日會舉辦活動

也可在這裡挑選伴手禮

Kebun Villas & Resort

Gula Gila

聖吉吉大街 Jl. Raya Senggigi

Sheraton Senggigi Beach Resort

Asmara Restaurant & Lounge

MOOI

小藝術市集 Art Market

Lemongrass Spa

聖吉吉海灘 Senggigi Beach

聖吉吉碼頭 Senggigi

Taman

聖吉吉大街 Jl. Raya Senggigi

Kila Senggigi Beach Lombok

聖吉吉大街地圖

Islands near Bali

龍目島核心地帶

馬他朗市區
Kota Mataram

- ✉ Jl. Pejanggik, Komp Aphm Cilinaya, Kec. Mataram(為Mataram Mall商場地址)
- ➡ 從聖吉吉大街前往車程約25～30分鐘
- ⏳ 1 hr
- 🗺 P.180

龍目島重要的政府單位、銀行與學校等,幾乎都在馬他朗。這裡有家Mataram Mall,是在地

前往馬他朗時會經過一座美麗的清真寺

型的小型商場,以販售當地商品為主,沒有太多的國際品牌,另外也有超市。聖吉吉大街前往市區途中,會經過一座大清真寺,對於回教文化有興趣的人,不妨停下來欣賞漂亮精緻的清真寺外觀。若時間有限,建議可先安排到島上其他景點觀光,有機會再到馬他朗逛逛。

旅行小抄

龍目島島上交通

在龍目島上短程交通可利用計程車、馬車與三輪車,其中計程車亦有藍鳥計程車可搭乘。長程距離則建議包車,或是向旅行社買包套行程,可免去交通接駁的問題。

▲馬車是島上的交通工具之一

逛市場開眼界

Kebon Roek 傳統市場
Pasar Kebon Roek

- ✉ Jl. Adi Sucipto, Ampenan Utara, Ampenan, Kota Mataram
- 🕐 商家約06:00起營業,約11:00結束營業
- ➡ 位於馬他朗市區,從聖吉吉大街前往約25～30分鐘車程
- ⏳ 1 hr

Kebon Roek市場位於聖吉吉大街與市區Mataram之間,是龍目島的傳統市場之一,每日天未亮,攤販紛紛出現,慣例地陳列自己販售的商品,迎接每天的市集生活。龍目島以回教徒居多,也因此會在市場看到包裹著頭巾的婦人,這裡的食品與商品也多了幾分回教色彩,傳統小點心、

▲香蕉是印尼重要的食材

▲食材的色彩鮮艷奪目

蔬果、香料等讓人大開眼界。若不介意品嘗街邊小吃,記得買上幾樣,透過飲食感受在地特色。

185

與魚兒同游 —— 吉利島跳島之旅

- 🕐 大都於早上08:00～09:00出發
- 💲 套裝行程一天約Rp.45萬元
- 🎫 半天或一天行程
- ⁉️ 從事水上活動請注意安全，量力而為
- 🗺️ P.180

吉利三島小檔案

龍目島周圍有許多小島，其中吉利三島(Gili在印尼語是小島的意思)就位在其西北方，從西到東依序為Gili Trawangan、Gili Meno、Gili Air。

Gili Trawangan簡稱為Gili T，面積最大，設施、餐廳與飯店較為齊全。這裡的海灘白皙明亮，海水乾淨，適合來趟簡單輕鬆的浮潛活動。Gili Meno是當地人最為推薦的浮潛地點，除了水質清澈、海浪較小之外，也較容易看到海龜。Gili Air最靠近龍目島本島，是許多旅行社最常帶團前往用餐之處。

▼吉利Trawangan海灘白沙乾淨，一望無際

Gili Meno水質清澈，從船上即可看見海中景色

旅行社常帶團至吉利Air用餐

吉利三島的跳島行程，是龍目島觀光的重頭戲，也有人會夜宿三島，感受最原始的自然島嶼風情。若想自行從龍目島前往吉利三島，可至碼頭購買船票，通常每日至少會有一班船。

套裝行程介紹

旅行社提供的跳島行程有半日與全天之分，若時間有限，可選擇半日型。以下介紹從龍目島至三座島的全天套裝行程。

Depart飯店接送

大約08:30～09:00之間，旅行社會開車到飯店接駁，準備前往船家地點，每一家旅行社合作的船家、上船地點不一定相同，端看旅行社安排。

Stop 1 前往吉利三島

從龍目島前往吉利三島的船，由於船速快，不會明顯感受到海浪的波動，可降低暈船的機會。

Stop 2 抵達Gili Trawangan

Gili T是第一站，會讓旅客下船到島上。可至大街逛逛，欣賞小島景色，也可到海灘旁戲水。

Stop 3 前往Gili Meno

船不會停靠島上，而是直接在水上停駛，讓遊客進行浮潛。浮潛通常會有兩次，一次是欣賞珊瑚礁，另一次是尋找海龜的蹤跡。

Stop 4 到Gili Air休息

Gili Air通常是用餐地點，如果行程沒有包含中餐，就要自費。用餐完畢後可在島上走走，稍作休息，準備做最後一次浮潛。

Return返回龍目島

浮潛結束後，直接搭船返回龍目島，並會送旅客回飯店。

旅行小抄

不易察覺的小水母

欣賞海中美景的同時，也要小心水母，有時候不易察覺牠們就在身邊，但當你開始覺得有小小的刺痛感，上岸後發現皮膚紅腫，那可能就是碰到水母了。如果皮膚接觸水母的面積較大，那刺痛感可不是輕微程度而已。在此建議各位穿著長袖與長褲的泳衣類型，才能保護自己。此外，也要記得與珊瑚礁保持距離，避免被刺到。

1.搭船前往吉利三島 2.海底世界精彩美麗 3.4.吉利Trawangan大街有間小型的海龜保育中心 5.享用簡便午餐

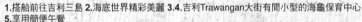

探索龍目島部落文化 — 認識莎莎克族

- ✉ Banyumulek、Sukarare、Sade等部落文化皆位在龍目島中南部
- 💲 套裝行程全天約Rp.50萬元
- ➡ 位於龍目島中南部，從聖吉吉大街出發約1～1.5 hr
- ⏳ 套裝行程大都為半天或全天
- ⁉ 若沒有要購買商品，建議別觸碰商品，以免店家追著你議價
- 🗺 P.180

龍目島有著獨特的部落文化，最為知名的是莎莎克部落(Sasak)，旅行社設計半天或一天的行程，內容包含探訪莎莎克族村屋、紡織與陶器製作等參觀活動。村落有不少紡織或製陶的商家，而各個旅行社亦會安排旅客到固定往來的店家體驗。

Banyumulek陶藝村 (Pottery Village)

製陶為莎莎克族的傳統技藝之一，來到陶藝村，除了可購買陶藝品外，更可親自製作，過程簡單，大約15分鐘就可完成，並有專人指導。

陶製傳統水壺

Sukarare紡織村 (Weaving Village)

現場有導覽人員解說織品的運用與布料的特性，並有婦人示範；開放遊客體驗，亦有織品販售。

Sade地區莎莎克族部落 (Sasak Village)

莎莎克族村屋是龍目島上著名的參觀地，保留原始建築，村落規模不小。村屋展售紡織品，也能見居民的生活方式。導覽人員會解說建築構造、建造過程，與莎莎克部落的文化資訊。

莎莎克族人現場示範紡織

莎莎克套裝行程心得

玩家交流

莎莎克行程能夠幫助遊客了解龍目島傳統部落文化，不過，如果你對傳統文化較無興趣，或不想被推銷產品，建議可安排其他觀光行程。另外，在體驗紡織拉繩過程或製作陶藝品時，有時指導的服務人員在結束後，會暗示要給小費，不過小費並非強迫給予，端看個人意願。

特色餐飲

用心經營的20年老店
Asmara Restaurant & Lounge

私房推薦

- ✉ JL. Raya Senggigi, Senggigi, Lombok
- ☎ 0370 693 619
- 🕐 08:00～23:00
- 💲 每人約Rp.10萬元起
- ➡ 位於聖吉吉大街上
- ⏳ 1 hr
- http www.asmara-group.com
- ⁉ 團體用餐需預約
- MAP P.184

餐廳Asmara外觀

Sasak Rijsttafel結合部落料理
(照片提供／Asmara Restaurant)

　　Asmara位於龍目島聖吉吉大街上，自西元1997年開始營業，以西式與當地料理為主，其中Sasak Rijsttafel這道菜是將印尼知名菜肴，結合莎莎克族傳統料理，十分獨特，造福來此用餐的饕客。餐廳門口的花架布滿藤蔓植物，讓外部瀰漫一股浪漫情調，內部擺設也不含糊，空間舒適，氛圍不錯。

　　餐點價位中等，提供湯品、沙拉、主餐、點心與飲品等，可以自由搭配想吃的項目，不一定要點套餐。講究餐具外，對於料理的擺盤與色彩搭配也不馬虎，可說是色、香、味俱全。餐點大都現點現做，因此需要等上一些時間，建議早一點來用餐，避開巔峰時段。

餐點提供西式選擇
(照片提供／Asmara Restaurant)

旅行小抄

齋戒月餐廳的營業時間

龍目島與印尼大多數城市一樣，居民大多為回教徒，因此一年一度的齋戒月，也是島上的大日子。齋戒月期間，回教徒從日出至日落前都不能飲水或用餐，因此有一些餐廳索性改為晚上營業，若你剛好在齋戒月期間來，也不用太擔心，觀光地區中午仍有餐廳會正常營業，若是參加套裝行程去到遊客較少的區域時，也可先向旅行社確認提供餐狀況(通常旅行社都有固定合作的店家)。

Taliwang醬料好特別
TAMAN

私房推薦

✉ JL. Raya Senggigi, Senggigi, Lombok
☎ 0370 693 842
🕐 08:00～22:00
💲 每人約Rp.6萬元起
➡ 位於聖吉吉大街上
⏳ 1 hr
🅼 P.184

　　TAMAN餐廳外觀顯眼，兩層樓的稻草屋，搭配橘紅色的雨傘座位，經過時很難不被吸引。餐廳從早餐開始營業至晚餐，用餐座位多，空間寬廣，適合團體聚餐；提供多國料理，西式、義式、印度菜與亞洲菜等，餐點多元豐富。

　　若想嘗試龍目島的特色料理，推薦Ayam Bakar Taliwang，這是一道雞肉料理，雞隻本身不大，搭配的Taliwang醬料是最特別之處，吃起來有香草的香氣，口感甜中帶辣，非常開胃。

◀TAMAN用餐空間寬廣
▼Ayam Bakar Taliwang為龍目島特色餐點

玻璃屋裡的午茶時光
Gula Gila

✉ Jl. Raya Senggigi, Senggigi, Lombok
☎ 0370 692 999
🕐 07:00～22:00
💲 每人約Rp.4萬元起
➡ 位於度假村Kebun Villas& Resort入口處
⏳ 1 hr
🅼 P.184

　　Gula Gila咖啡店外觀猶如歐式小屋的裝潢，以純白色為建築的主色調，座位不多，讓客人更能享受清靜的下午茶時光。主打輕食、點心與飲品，各式點心陳列於玻璃櫥櫃中，看起來樣樣可口動人，飲品以咖啡與茶品居多。商品價格適中，並會定期推出不同的優惠。

▲餐廳適合聚餐聊天
◀餐廳主打咖啡與茶品
（照片提供／Kebun Villas& Resort）

SPA推薦

美髮·Spa·足部按摩
MOOI

📧 JL. Raya Senggigi, Kecamatan Batu Layar, Lombok
📞 0878 6184 4966
🕐 13:00～21:00
💲 基本全身按摩1 hr約Rp.12萬元起
➡️ 位於聖吉吉大街上，Lemongrass Spa附近
❓ 建議提前預約
🗺️ P.184

MOOI Spa館招牌

　　MOOI是聖吉吉大街的Spa館中，環境質感較優的選擇。提供美髮與Spa服務，一樓為美髮區，二樓是Spa區與足部按摩區，裝潢簡約精緻，以灰色系為主，散發靜謐感，不影響明亮度。房間採用板子隔間，儘管隱密性稍弱，但空間是寬敞乾淨的。由於房間數量不多，建議先預約，到現場後，選擇想用的精油氣味，就可上二樓，準備享受療程。

▼房間隔間清楚　　　　　　　　　　▼以單人床位為主

▼MOOI Spa館足部按摩區

旅行小抄

龍目島Spa館

　　所謂一分錢一分貨，在Spa館消費也是如此。龍目島的觀光發展不若峇里島興盛，因此島上除了各飯店經營的Spa之外，靠近聖吉吉大街也有幾家，選擇不是很多。這幾家的價位沒有差太多，但室內環境可能就有些差異，建議可先看價目表，倘若店家同意，也先了解一下環境，若價格與環境兩相衡量之下覺得合理，再進行體驗。

　　▶收費較低的Spa館，可能房間隔間也會較為簡易

住宿情報

離島區住宿小叮嚀

- **投宿吉利三島，留意淡水與熱水的供應**

吉利三島的淡水量較少，因此有些旅館沒有提供淡水洗澡，假使會介意，訂房前記得留意是否供應淡水，此外也需注意是否供應熱水。

- **投宿龍目島，可擇聖吉吉海灘附近旅館**

龍目島較無熱水與淡水供應的問題，然而對於不熟悉當地的遊客來說，龍目島範圍廣大，選擇投宿地點會變成一個問題。建議可投宿於聖吉吉海灘附近，一來是聖吉吉海灘本身即為一個碼頭，方便往返峇里島；二來是這附近的餐廳與商家較多，用餐與購物都方便。

聖吉吉海灘是龍目島熱門住宿地段

地點好便利性高
Kila Senggigi Beach Lombok

✉ Jl. Pantai Senggigi, Senggigi, Lombok
☎ 0370 693 210
$ 雙人房每晚約$60起；Bungalow房型約$150起
➡ 位於聖吉吉海灘碼頭附近
http www.aerowisatahotels.com/hotel.php?id=6
MAP P.184

▶點杯特調飲料享受假期

　　從峇里島來到聖吉吉海灘後，沿著道路走向大街時，路途中會經過Kila Senggigi Beach Lombok，是最靠近聖吉吉碼頭的飯店之一。Kila內部充滿熱帶島嶼的度假氣息，植物造景豐富，無論前往海灘，或至聖吉吉大街覓食購物都不超過5分鐘，便利性很高。房型主要分為一般、豪華以及Bungalow小屋等，設計簡約，住宿環境純樸、舒適簡單，附設餐廳與Spa館。

▼可直接從飯店通往海灘

▼飯店內的餐飲

※此頁照片提供／Kila Senggigi Beach Lombok

▲房間簡潔明亮

Islands near Bali Accommodations

賞山景愜意度假
Kebun Villas & Resort

✉ Jl. Raya Senggigi Km. 8, Senggigi, Lombok
☎ 0370 692 999
💲 雙人房每晚約$100起；Villa房型約$315起
➡ 位於聖吉吉大街上，度假村Sheraton
　Senggigi Beach Resort對面
http www.kebunresort.com
MAP P.184

聖吉吉大街上的Kebun，雖不靠海灘，但後方被小山圍繞，多了隱密的

▲早餐以西式與印尼式為主，現點現做

氛圍。房型分Villa與度假村兩種，Villa有雙人、四人與四人以上的房型，除了與度假村有適當的距離外，每間Villa四周皆有外牆，塑造專屬空間，內有私人泳池，客廳、房間空間寬廣，採光明亮。

度假村房型以兩層樓建築為主，坪數適中，房間走簡約風，沒有過多花俏的裝潢，提供基本備品。從陽台可欣賞小山風景，格外愜意。這裡的游泳池堪稱島上最長的游泳池之一，長達75公尺，深淺有區分，一樓房間出入口都能直接進入，為一大特色。早餐時間為07:00～10:00，提供印尼式、歐式與美式早餐，精緻可口，口味輕重可調整。

1.Villa房型重視隱私　2.Villa房型臥室(照片提供／Kebun Villas & Resort) 3.游泳池長達75公尺(照片提供／Kebun Villas & Resort)

TRAVEL INFORMATION
實用資訊

Travel in Bali

峇里島旅遊黃頁簿

遊客在行程上所需要的所有資訊盡皆囊括其中，讓行程規畫得更為完整，確保旅遊的平安與舒適。

前往與抵達 DEPARTURE & ARRIVAL

簽證

2015年10月開始，旅客持效期6個月以上之台灣護照赴印尼觀光，可於124個機場、港口及邊境檢查站等，獲得30天免簽證待遇，其中包含峇里島。然而過去也曾發生印尼政府重新執行觀光落地簽證的情況，所以建議各位在出發前，先行到外交部領事局網站確認最新資訊。也請特別留意免簽證的天數為30天，可別停留超過此天數，不然會加收罰金。

外交部領事事務局
http www.boca.gov.tw

航空公司

台灣長榮航空與中華航航空皆有峇里島直飛航線，航程約5.5小時。部分廉價航空亦有台灣前往峇里島的航線，價格可能比一般航空來的便宜，不過廉價航空大部分須轉機，航程較久外，託運行李可也可能要另外加價。

中華航空
http www.china-airlines.com

長榮航空
http www.evaair.com

入境審查

過去入境峇里島需要填寫入境與海關卡，2015年開放台灣旅客觀光免簽證後，就不需填寫入境卡，僅需填寫海關卡。因此在飛機上，空服人員僅會發放海關卡。於入境櫃檯時，首先將護照遞交給櫃檯人員即可，完成程序後，前往領取

行李，並至海關處繳交海關卡。家人出遊不需每個人各寫一張海關卡，只要繳交一張海關卡就可通關。海關卡上的資訊務必正確，並且誠實告知是否有攜帶違禁品。若是未來改回需填寫入境卡，也不需過於緊張，將正確的資料填入入境卡，繳給入境櫃檯人員審查即可。

▼海關卡

Ministry of Finance of the Republic of Indonesia
Directorate General of Customs and Excise

CUSTOMS DECLARATION

(BC 2.2)

Each arriving Passenger/Crew must submit Customs Declaration (only one Customs Declaration per family is required).

1 Full Name
2 Date of Birth   Day   Month   Year
3 Occupation
4 Nationality
5 Passport Number
6 Address in Indonesia (hotel name/residence address)

7 Flight or Voyage number
8 Date of Arrival   Day   Month   Year
9 Number of family members traveling with you (only for Passenger)
10 a. Number of accompanied baggage   PKG
   b. Number of unaccompanied baggage (if any, and see the reverse side of this form)   PKG

11 I am (We are) bringing: Yes (✓) No (✓)
   a. Animals, fish and plants including their products (vegetables, food, etc.).
   b. Narcotics, psychotropic substances, precursor, drugs, fire arms, air gun, sharp object (ie. sword, knife), ammunition, explosives, pornography articles.
   c. Currency and/or bearer negotiable instrument in Rupiah or other currencies which equals to the amount of 100 million Rupiah or more.
   d. More than 200 cigarettes or 25 cigars or 100 grams of sliced tobacco, and 1 liter drinks containing ethyl alcohol (for passenger); or more than 40 cigarettes or 10 cigars or 40 grams of sliced tobacco, and 350 mililiter drinks containing ethyl alcohol (for crew).
   e. Commercial merchandise (articles for sale, sample used for soliciting orders, materials or components used for industrial purposes, and/or goods that are not considered as personal effect).
   f. Goods purchased/obtained abroad and will remain in Indonesia with total value exceeding USD 50.00 per person (for Crew); or USD 250.00 per person or USD 1,000.00 per family (for Passenger).

If you tick "Yes" to any of the questions number 11 above, please notify on the reverse side of this form and please go to RED CHANNEL. If you tick "No" to all of the questions above, please go to GREEN CHANNEL.

I HAVE READ THE INFORMATION ON THE REVERSE SIDE OF THIS FORM AND HAVE MADE A THRUTHFUL DECLARATION

簽名處

(SIGNATURE)   (DATE (DAY/MONTH/YEAR)

1.姓名
2.出生年月日
3.工作
4.國籍
5.護照號碼
6.印尼居住地址
7.班機號碼
8.抵達年月日
9.同行人數
10a.隨身行李件數
10b.託運行李件數
11.違禁品調查(是否有攜帶)

出境安檢

抵達峇里島機場，在進入機場門口之前，安檢人員大都會檢查回程的電子機票，才能進入機場。建議先備妥紙本或電子版的機票證明，以便不時之需。進入機場後，領取登機證並將行李託運(各種託運行李不可放入的物品，記得拿出來)，再前往登機門等候班機。

台灣政府單位

峇里島為印尼的一個省份，而駐印尼的台灣經濟貿易代表處，位於爪哇島上的首都雅加達(Jakarta)，是國人在印尼發生緊急危難的協助窗口。到各地旅遊時，應隨時提高警覺注意安全，深夜時分也避免在外逗留，若真發生緊急情況，應先保持冷靜，並與駐印尼的台灣代表處聯繫，告知自身情況，並討論處理方式。

駐印尼台北經濟貿易代表處
Taipei Economic and Trade Office in Indonesia

✉ 12th Floor (Service Division) and 17th Floor Gedung Artha Graha, Jalan Jendral Sudirman, Kav. 52-53, Jakarta 12190, Indonesia
📞 (62-21) 515-1111 (12F領務組，一般護照、簽證等事項，請於上班時間聯繫)
📠 (62-21) 515-2910
@ jkt@teto.or.id
MAP www.teto.or.id
🕐 受理領務申請案件時間：週一～五，09:00～16:00
📞 急難救助行動電話：(62)811-984676；印尼境內直撥：0811-984676

※急難救助電話僅供緊急救助之用(如車禍、搶劫、有關生命安危緊急情況等)，非急難重大事件，請勿撥打。

離境時有些入口會檢查電子機票

機場與交通
TRANSPORTATION

機場

峇里島機場(Ngurah Rai International Airport，代號DPS)位於南部，西元1969年開始營運，維繫島上的國際與國內航線，距離庫塔市區車程約15～30分鐘。峇里島機場擁有17個登機門，3個為國內航線，14個為國際航線。機場外觀融入傳統峇里島建築元素，是一座帶有當地氣息的機場。

http www.baliairport.com

在機場即可看到峇里島的文化元素

機場聯外交通

由於峇里島沒有地鐵或捷運，因此從機場要到島上各地區，大多以計程車為聯外交通工具。出了入境大廳後，會遇到不少詢問搭車的司機，這些司機有些屬於計程車行，有些則是私人，由於無法分辨，也可能隨意開價，建議直接前往叫車櫃檯，清楚標示到各地區的價格，告知目的地後，就能搭車出發。

國內線航廈的計程車櫃檯

交通工具

遊客在峇里島大都以計程車、包車、租車為主要的交通工具。短程距離，可選擇搭計程車，而長程距離，建議利用包車。

計程車

最好挑選有跳錶的計程車，一來可確切知道搭乘距離的實際花費，二來也可省去議價的時間。藍鳥(Blue Bird)是印尼大型的計程車公司，採用跳表制度，車體為藍色，主要有Blue Bird與Pusaka系列。值得注意的是，峇里島會有其他車行將車子顏色塗上與藍鳥相似的藍色，吸引顧客上門。要辨識藍鳥的計程車，可觀察車子擋風玻璃上方是否貼上Blue Bird的字樣或圖案。另一方面，有些司機不會找零，若會介意不找零的情況，搭乘計程車最好準備充足的小鈔和硬幣，以備不時之需。

藍鳥計程車擋風玻璃會有Blue Bird字眼

包車

包車是許多遊客在長程距離上的選擇，時間從4～12小時皆有，價格通常包含油料、司機與車子，但不包含額外小費、過路／過橋費、門票等。包車的資訊，除了在機場的資訊台可以拿到摺頁外，入境門口出來後，也可看

到不少的包車公司，或是至市區各旅行社與小型旅行櫃檯洽詢。(包車詳細資訊見P.200)

機場內有許多包車資訊

小巴士(Angkot)

當地有不少的小巴穿梭於各城鎮，以廂型車為主，搭乘的大都是當地人，基本上沒有空調，車門通常也不會關上，有時司機開車速度會過快，若不是特別想體驗，建議仍以其他交通工具為優先考慮(除非想節省費用)。

部分小巴沒有車門，請斟酌是否搭乘

消費與購物
SHOPPING

貨幣

峇里島使用的貨幣為印尼盾Rupiah，簡寫為Rp.。印尼盾有紙鈔與硬幣，紙鈔最大為10萬，接下來是5萬、2萬、1萬、5千、2千。硬幣的幣值比較小，為1千、500、200、100，有時也會看到50與25(較少使用)。由於印尼盾幣值小，拿幾千塊台幣折合成印尼盾，就好像變成了百萬富翁，但正因如此，有時候結帳算錢時會不太習慣，建議要仔細算數，因為多算了一個0，價格可差滿多了。

印尼舊紙鈔

印尼新紙鈔

10萬　　　　　　　　2千

5萬　　　　　　　　　5千

2萬　　　　　　　　　1萬

印尼硬幣

1000　　500
200　　100

匯率

1元台幣約合印尼盾400元，然而印尼盾的匯率時常變動，請在出發前至各大銀行網站再次確認。想要快速換算印尼盾折合台幣，可將印尼盾金額去掉後面的兩個0，除以4，譬如說10萬元的物品，100,000去掉後面兩個0後，為1,000，再除以4，約為台

幣250元。要是覺得這樣算數仍是複雜,不妨善用手機計算機。關於換匯部分,儘量避開假日與晚上換錢,價格會較不划算,另外也避免到太過偏僻的小巷中換匯,以確保自身安全。

匯率表於市區街道隨處可見

建議尋找較大間的換幣商家(Money Changer)

服務費與稅收

於峇里島用餐時,若是觀察較為仔細,就會發現結帳的價格,與在菜單上看到的原價不同,主要是因為加入服務費與稅收,通常稅收為5～15%,以奢侈稅或所得稅居多,而服務費亦為5～15%,因此結帳價格會比原價高。商家會在菜單、牆上與商品包裝等,標示需酌收幾成的服務費與稅收。建議在消費時,不要把金額算得太剛好,以免身上的錢不夠付費。另一方面,一般在地的小吃店、簡單飯館與商店,較不會收取服務費與稅收。

便利商店

峇里島的鬧區裡,走幾步路就可看到一間便利商店,其中以MINI MART、Alfa mart最為常見,並有24小時營業的分店,販售的商品眾多,飲品、零食小吃、盥洗用品等,部分便利商店更可進行手機加值、電費繳交與購買票券等服務。然而並不是全部的便利商店皆為24小時,除非是臨時急需,否則建議仍儘量在深夜前先行採買。

MINI MART

Alfa mart招牌

觀 光 客 服 務 臺
TRAVEL INFORMATION

購買旅遊行程

在峇里島，若要參加經濟划算或尋找更多元的活動，在當地購買是不錯的選擇。鬧區有不少的旅行社與行程販售櫃檯，旅行社以店面經營為主，定價清楚，議價空間小。而販售行程的櫃檯滿街都有，只要找尋路邊貼滿旅遊資訊與圖片的小櫃檯，即可協助預訂行程，此類櫃檯通常會將價格提高，再讓你進行議價。

行程的價格店家通常會開放議價

購買行程前請貨比三家

機場的資訊櫃檯有多種旅遊資訊

旅行社店面

購買其他服務

除透過上述旅行社和販售櫃檯外，網路上也有不少旅行社或商家提供行程預訂。服務內容有包車、旅遊行程、飯店、Spa館預訂與機票購買等。特別留意的是，不論是網路或現場購買，每間旅行社合作的商家可能不同，或是儘管有相同的Spa館可選擇，各家優惠也有所不同，建議要先自行比價。以下提供兩家可預訂行程的旅行社資訊供參考。

**Restu Dewata Bali Tours
(RD Tours)**
📞 0361 243 512
@ john@johnbaliman.com；
info@rd-tours.com
⁉ 可用英文溝通

is Bali.com
🌐 www.isbali.com/index.php/tw
@ bali@isbali.com
⁉ 可用中文溝通

預訂行程後索取證明

購買行程後務必索取證明或票券，到現場記得出示。另外，每間旅行社在網路回覆的過程中，可能會出現因訂購行程的信件多，回覆速度較慢或是漏信的情況，請記得再確認。

留意住宿地點與景點的距離

請商家協助訂購住宿時，若希望飯店與鬧區距離不超過步行5～10分鐘，記得先確認住宿地點的位置，以免選錯飯店。像是庫塔區鬧區的精華地段在庫塔海灘附近，若是訂到庫塔區日落大道的飯店，就要花較久的時間才能步行到鬧區，甚至要搭車。

注意套裝行程路線

旅行社會推出很多1日遊、2日遊的套裝行程，研究行程時，請配合地圖，看是否為順路行程，部分行程會有些繞路的情況，盡量避免選擇此類，以免花太多車程時間。

一些位於店家門口販售行程的櫃檯

Travel Information

包車資訊

有配合套裝行程跑景點的包車，也有自行決定時數與地點的包車方式；若選擇自行決定時數與地點的遊客，隨著時數不同，價格不一樣，以下資訊提供參考。

包車時數與價格參考表

時數	價格
5 hr	約Rp.30萬元起
8 hr	約Rp.40萬元起
10 hr	約Rp.45萬元起
12 hr	約Rp.50萬元起

製表／陳怜朱
※優惠與價格時有異動，請依當地情況為準。

包車注意事項

注意車子狀況

服務包含的內容、車種、車子新舊度、車體品質等差別，都是影響價格的因素，選擇低廉價格的包車時，務必詳細問清楚。

交通時間要寬裕些

由於島上觀光客多，容易塞車，旺季時更加明顯(特別是熱門路段的巔峰時段)，因此購買時數時，要加入緩衝時間，以免超時加價。

妥善規畫行程

在安排行程時，離市區較近的短程景點，可安排在同一天，運用計程車或步行即可；遠程景點，則安排另一天利用包車前往，沿途納入其他順路景點。

多出的時數或景點會加錢

如果旅客在原本說好的時數與地點之外，再多增加景點，或是

增加包車時數，都會造成司機事後加價的可能性，最好在出發前確認好所到之處與計價方式。

司機推銷餐廳或伴手禮店

有時司機會推銷餐廳與伴手禮店，若不想前往請明確告知，或是一開始鎖定好餐廳與店面，避免去了司機推薦的店卻不喜歡，花費更多時間。

記住自己包車車牌號碼

不少車子裡面會放上貢品盒

語言溝通

位於庫塔、水明漾、金巴蘭與烏布熱鬧地段的商家與餐廳，基本上都可以進行簡單的英語對話，餐廳菜單也會提供英文介紹；而處於較為鄉村的地區，一般居民的英文程度相對較低。因華人遊客也不少，因此有些餐廳也會提供中文介紹；在烏布市場，有些攤位也會一些中文。

時差

峇里島與台灣時區皆為GMT+8，所以沒有時差。值得注意的是，若不是搭乘直飛班機，而是中途先於其他城市或國家轉機，如印尼爪哇島上的雅加達、泗水，以及鄰近的馬來西亞或新加坡等，這些城市與台灣是有時差的。

氣候與衣著

峇里島4～10月是乾季，11～3月是雨季，平均溫度約為攝氏26～32度。白天溫度較高，日正當中會感到炎熱，記得帶傘、遮陽帽與太陽眼鏡。晚上溫差大，尤其山區能明顯感受氣候冷涼，建議帶件薄外套，以免因氣候轉變而感冒。

山區氣侯仍然偏涼

飲水與飲食

儘管一些當地人會直接飲用自來水，但為了避免水土不服，建議各位不要直接飲用自來水，喝瓶裝水較安全。另一方面，峇里島公共的飲水機設備十分少見，前往戶外景點時，會有一般攤販與商店販售瓶裝水與飲料，雖然

一般攤販可能賣得比較便宜，但需注意是否有太陽直射的問題，可能導致產品變質。不妨在出發前先準備幾罐瓶裝水。

峇里島飲食偏辣，不喜愛吃辣的遊客，最好在點餐時，提醒餐廳不加辣。衛生方面，店面式的餐廳大都已有水龍頭，可用自來水洗淨餐具，食物保存則是透過冰箱冷藏，因此衛生程度較高；而行動攤位或是街邊小吃，由於取自來水不易，加上沒有冰箱，因此餐具沖洗的次數與食物新鮮程度難以控制，各攤衛生程度不一，請自行評估可食性。

自行評估街邊小吃與行動攤位的衛生程度

電壓與插座

當地的插座為兩孔圓形，電壓為220V，不僅與台灣插座的型號不同，就連電壓也是，特別留意從台灣帶來的電器用品，是否能夠接受220V的電壓，尤其是吹風機，以免走火或是損壞。部分旅館的插座已為萬用插孔類型，然而並非所有旅館皆有提供，因此建議帶著轉接頭，以備不時之需。

手機SIM卡

不少自助旅行或自由行旅客會到峇里島後，才購買行程或包車，因此擁有一張手機SIM卡，會讓遊程更加便利，可方便與商家確認資訊或聯絡。峇里島機場有在販售手機SIM卡的小攤位，TELKOMSEL是印尼較大的電信公司，SIM卡名稱為SIM PATI，類似預付卡功能，套裝方案多，價格也不貴，可對外通話，也可含上網功能，選購時可先付費購買可上網的功能，請業者開通。

TELKOMSEL電信
為印尼的大公司

習俗與禁忌

每個國家與城市，擁有不同的特色文化，塑造出各種傳統並沿用至今的習俗與禁忌，旅客除了要欣賞峇里島文化外，更應適度了解當地的習俗與禁忌，以下是主要幾個須特別留意的部分。

特殊節日

涅匹日(Nye pi Day)又稱寧靜日，為峇里島印度教一年一度的大節日，**涅匹日當天所有活動皆須禁止，居民不能外出、商店也不能營業，享受沉靜的一天，機場甚至會關閉**，遊客也應入境隨俗。前往峇里島旅遊時，請務必留意當年度的涅匹日，做好準備與規畫。

進入神廟須圍沙龍

對於峇里島人而言，神廟是

個非常神聖的地方，須穿著正式或打扮端莊，因此在進入神廟之前，穿著短褲短裙的遊客，請圍上沙龍，並遵守各項規定，女性在月事期間也應避免進入神廟。

走路請留意下方的貢品盒

走在峇里島的街道上，時不時可以看到一個小型的椰子葉盒，裡面放著花朵、米粒、點心與香等貢品，此為當地人每日供奉給神明的貢品，通常會放在門口前方，因此走路時，請留意下方的貢品，避免踩到。

避免碰觸對方的頭

人的頭部對當地人來說是最為神聖的部位，因此避免碰觸當地人的頭部，尤其小孩子的頭更應避免，包括頭髮與臉部等，隨便觸碰會被視為不禮貌的行為。

避免踩到路面的貢品盒

藥局、診所與醫院

峇里島不論是藥局、診所或醫院，大都以印尼文和少部分英文標示，位於庫塔或烏布路上，都可看到藥局與診所的字樣招牌，藥局為APOTEK，診所為KLINIK或CLINIK，醫院為RUMAH SAKIT。若有慣用的藥物，或每天必須服用的藥物，皆以自行攜帶為佳。

治安狀況

峇里島當地人對遊客和善親切，因此遊客也應尊重當地文化，保持友善的態度，避免與當地人發生衝突。峇里島夜晚市區非常熱鬧，許多人會到酒吧與夜店消費，然而到了深夜後，人潮會逐漸稀少。建議各位別在外逗留太晚，避免發生無法預期的狀況，以確保自身安全。

實用APP

ENJOY BALI

提供餐廳、景點、住宿與行程等資訊，有英文頁面，Android與IOS皆適用，免費下載，分類清楚仔細，淺顯易懂。

Bali Coupon

提供各種餐廳、活動與消費等優惠訊息，有簡體中文頁面，Android與IOS皆適用，免費下載，出示手機顯示的優惠訊息，可減少花費。

GO-JEK

印尼知名的摩托計程車，有英文頁面，Android與IOS皆適用，免費下載，以摩托車載客為主，輸入地點與資訊，立即叫車。

My Blue Bird

印尼知名的計程車行，有英文頁面，Android與IOS皆適用，免費下載，輸入相關資訊，立即叫車。

個人旅行書系

有 行 動 力 的 旅 行 · 從 太 雅 出 版 社 開 始

太雅，個人旅行，台灣第一套成功的旅遊叢書，媲美歐美日，有使用期限，全面換新封面的Guide Book。依照分區導覽，深入介紹各城市旅遊版圖、風土民情，盡情享受脫隊的深度旅遊。

「你可以不需要閱讀遊記來興起旅遊的心情，但不能沒有旅遊指南就出門旅行……」台灣的旅行者的閱讀需求，早已經從充滿感染力的遊記，轉化為充滿行動力的指南。太雅的旅遊書不但幫助讀者享受自己規畫行程的樂趣，同時也能創造出獨一無二的旅遊回憶。

111
峇里島
作者／陳怜朱
　　　（PJ大俠）

110
阿姆斯特丹
作者／蘇瑞銘
　　　（Ricky）

109
雪梨
作者／Mei

108
洛杉磯
作者／艾米莉
　　　（Emily）

107
捷克‧布拉格
作者／張雯惠

106
香港
作者／林姷妡

105
京都‧大阪‧神戶‧奈良
作者／三小a

104
首爾‧濟州
作者／車建恩

103
美國東岸重要城市
作者／柯筱蓉

100
吉隆坡
作者／瑪杜莎

099
**莫斯科・金環・
聖彼得堡**
作者／王姿懿

098
舊金山
作者／陳婉娜

095
**羅馬・佛羅倫斯
・威尼斯・米蘭**
作者／潘錫鳳、
陳喬文、黃雅詩

094
成都・重慶
作者／陳玉治

093
西雅圖
作者／施佳瑩、
廖彥博

092
波士頓
作者／謝伯讓、
高薏涵

091
巴黎
作者／姚筱涵

090
瑞士
作者／蘇瑞銘

088
紐約
作者／許志忠

075
英國
作者／吳靜雯

074
芝加哥
作者／林云也

047
西安
作者／陳玉治

042
大連・哈爾濱
作者／陳玉治

038
蘇州・杭州
作者／陳玉治

301
**Amazing China
蘇杭**
作者／吳靜雯

個人旅行 *111*

峇里島(附龍目島‧吉利三島)

作　　者	陳怜朱(PJ大俠)

總 編 輯	張芳玲
發想企劃	taiya旅遊研究室
企劃編輯	張焙宜
主責編輯	林云也
封面設計	陳淑瑩
美術設計	陳淑瑩
地圖繪製	陳淑瑩

太雅出版社
TEL：(02)2882-0755　FAX：(02)2882-1500
E-MAIL：taiya@morningstar.com.tw
郵政信箱：台北市郵政53-1291號信箱
太雅網址：http://taiya.morningstar.com.tw
購書網址：http://www.morningstar.com.tw

出 版 者	太雅出版有限公司
	台北市11167劍潭路13號2樓
	行政院新聞局局版台業字第五○○四號

顧問律師	陳思成律師

印　　刷	上好印刷股份有限公司　TEL：(04)2315-0280
裝　　訂	大和精緻製訂股份有限公司 TEL：(04)2311-0221

初　　版	西元2017年10月10日
定　　價	360元

(本書如有破損或缺頁，退換書請寄至：台中市工業30路1號 太雅出版倉儲部收)

ISBN　978-986-336-201-2
Published by TAIYA Publishing Co.,Ltd.
Printed in Taiwan

國家圖書館出版品預行編目(CIP)資料

峇里島：附龍目島.吉利三島 / 陳怜朱(PJ大俠) 作. --
初版. -- 臺北市：太雅, 2017.10
　面；　公分. -- (個人旅行；111)
　ISBN 978-986-336-201-2(平裝)

1.旅遊 2.印尼峇里島

739.629　　　　　　　　　　　　106013471

Thank You
因為有你，太雅滿20歲了！

抽獎 1

《太雅20週年慶抽獎》

即日起～2017年12月31日為止(郵戳為憑)

2017年5月10日，我們將推出20週年慶的官網，公布所有抽獎獎品。獎品郵寄區域限定台灣本島。填寫住址時，請留意此規定。

《太雅好書抽獎》　即日起～2018年6月30日

抽獎 2

每單數月，抽出10名幸運讀者，得獎名單在該月10號公布於太雅部落格和太雅愛看書粉絲團。本活動需寄回回函參加抽獎(影印與傳真無效)。

以下3組贈書隨機挑選1組：

放眼設計系列2本	歐洲手工藝教學系列2本	黑色喜劇小說2本

(隨機)　　　　　　　(隨機)

《抽獎讀者的個人資料》

這次購買的書名是：**峇里島** 附龍目島·吉利三島(個人旅行111)

* 01 姓名：＿＿＿＿＿＿＿＿＿＿　性別：□男 □女　生日：民國＿＿＿＿ 年

* 02 手機(或市話)：＿＿＿＿＿＿＿＿＿＿＿＿＿＿＿＿

* 03 E-Mail：＿＿＿＿＿＿＿＿＿＿＿＿＿＿＿＿＿

* 04 地址：□□□□□ ＿＿＿＿＿＿＿＿＿＿＿＿＿

* 05 你是否已經帶著本書去旅行了？請分享你的使用心得。

＿＿＿＿＿＿＿＿＿＿＿＿＿＿＿＿＿＿＿＿＿＿＿＿＿

＿＿＿＿＿＿＿＿＿＿＿＿＿＿＿＿＿＿＿＿＿＿＿＿＿

＿＿＿＿＿＿＿＿＿＿＿＿＿＿＿＿＿＿＿＿＿＿＿＿＿

提醒：以上每項資料均需清楚填寫，我們必須通知你20週年慶抽獎贈品的品項，及抽獎結果公告，若是你抽到獎品，但是以上資料填寫不實或不全，導致獎品無法寄送時，我們會自動補遞其他人。

提醒：本問卷除了參加抽獎外，你還會收到最新太雅出版消息和晨星網路書店電子報。

(請沿此虛線壓摺)

廣　告　回　信
台灣北區郵政管理局登記證
北 台 字 第 1 2 8 9 6 號
免　貼　郵　票

太雅出版社　編輯部收

台北郵政53-1291號信箱
電話：(02)2882-0755
傳真：(02)2882-1500

(若用傳真回覆，請先放大影印再傳真，但傳真無法參加抽獎)

(請沿此虛線壓摺)

有 行 動 力 的 旅 行 ， 從 太 雅 出 版 社 開 始

太雅出版部落格
taiya.morningstar.com.tw

太雅愛看書粉絲團
www.facebook.com/taiyafans

旅遊書王(太雅旅遊全書目)
goo.gl/m4B3Sy

(請沿此虛線裁剪)